人生70点主義

自分をゆるす生き方

梅沢富美男

KODANSHA

人生70点主義

自分をゆるす生き方

目次

「花」の章

「鳥」の章

「風」の章

「月」の章

イラストレーション　佐々木一澄
ブックデザイン　鈴木成一デザイン室

人生70点主義

自分をゆるす生き方

まえがき

人間の心は、かくも弱く、もろいものなのか――。

新型コロナウイルスが猛威をふるったここ2年ほどの期間は、私にとってそれを痛いほど実感した時間でした。

「うるせぇ、バカ野郎！」

「おととい来やがれ！」

テレビの収録では、あいも変わらず威勢のいい「老害芸」を披露しておりましたが、その実、劇場の舞台に上がれない日々が続くなかで、心はギリギリまですり減っていたのです。

決まっていた公演はすべてキャンセルになり、先の見通しも立たない。テレビからはたくさんお声がけいただき、劇団員とスタッフの給料の算段はつきましたが、そんな綱渡りが、果たしていつまで続くのか。

意外かもしれませんが、私は人とつるむのは苦手だし、どちらかといえばかなり内向的な性格です。

パーッと飲みにでも行ければよかったのでしょうが、状況的にそれも叶いません。

夜、収録を終えて家に帰り、居間のソファにどっかりと腰を下ろすと、否応なしに自分の行く末を考えてしまいます。

——舞台に立てない舞台役者なんか、0点じゃないか。

この本の中でも書いていますが、「人生70点主義」というのは、私の昔からの座右の銘です。

「お客さんの前で、いつも100点満点のパフォーマンスをすることは難しい。でも、せめていつでも70点はとれるように、精一杯努力をしよう」。そういう、プロとしての心がけです。

しかし、それも舞台に立たないのでは採点不能、だから0点。

我が身の無力さが恨めしく、みじめな気持ちばかりが募っていきました。

なにより、こんなにも簡単に折れそうになってしまう、自分の弱さが許せなかった。

——70年も生きてきて、情けねぇなぁ……。

油断すると、不意に涙がこぼれそうになります。

そんな、どん底にあった私の心を蘇らせてくれたのは、周囲の人々がくれた心のぬくもりでした。

いつも明るく振る舞ってくれた家族、『プレバト!!』(TBS系)や「レモン沢富美男」のCMをきっかけにファンになってくれた子供たちからのお手紙、そして久々に舞台に上がったときに、お客さんがくださった万雷の拍手。

すっかり疲れきっていた私の心に、そうした「喜怒哀楽」が、少しずつうるおいを与えてくれたのです。

長い人生には山もあれば、谷もある。自分の力では、どうにもできない時期もある。たまには100点をとれるかもしれないけど、40点のときもある。足して割って、70点ならそれで御の字。

ならば、どんな自分であっても、ゆるして愛おしみながら生きていこう——。

気づけば「人生70点主義」という言葉の意味あいは、私のなかで少しずつ変わっていきました。

この本には、そうして悩んだ日々の話はもちろん、笑える話、泣ける話、いろいろなエピソードを詰め込んでいます。

私は無学な人間です。「読んでためになる本にしたい」なんて、不遜なことは端《はな》から考えておりません。

「梅沢、バカだなぁ」とか「意外といいこと言うじゃねぇか」とか、いろんな喜怒哀楽を味わいながら、気楽にページをめくっていただければと思います。

そしてその先に、「ああ、明日もがんばろう」という気持ちが、ほんの少しでも湧いてきたなら、これほどうれしいことはありません。

「100点なんて、とれなくていい。毎日いっぱい笑って、ときにはホロリと涙して。人生なんて、それで十分なんだから」

自分にそう言い聞かせながら、私は今日も一歩ずつ、前に向かって歩いています。

梅沢富美男

「花」の章

顔で笑って心で泣いて。役者人生の最大のピンチです

私、梅沢富美男、'20年の夏もたくさんテレビに出さしていただきました。

スマホのCMでは、芦田愛菜ちゃんにデレデレと相好を崩し、チューハイのCMではレモンの被り物なんぞして、不敵に高笑い。それでもって、ワイドショーでは言いたいことを言わせてもらい、木曜夜の『プレバト!!』では、俳句の師匠・夏井いつき先生と、「俳句がわかってないねぇ」「うるせえ、ババア。俺は永世名人だぞ!」なんて罵り合う。

我ながら出ずっぱり。番組の幅が広がってきたせいか、「梅沢富美男　再ブレイク!」なんて言われることもあります。

しかしながら、人間、大笑いしているときほど、心では涙していたりするもの。私はい

ま、70年の人生で最大の危機に直面しているのです。

ご存じの通り、私の本業は、芝居あり、歌あり、踊りありの大衆劇団『梅沢富美男劇団』の座長です。本来なら、この8月も、舞台があるはずでした。

ところがこんなご時世になり、幕を開けられない日々が続いています。気づけばもう長らく、舞台の上で芝居も踊りもしていない。剣劇一座の家に生を受け、14歳で本格的に芝居を始めてから、こんなことは初めてです。

私の劇団の事務所には、6月の明治座公演から使うはずだった新品の舞台衣装が、うずたかく積み上がっています。それを眺めては、虚しくタバコをふかす日々。

カツラ一つで50万円。特注品の衣装は、安いものでも10万円はします。一回の公演で何度も色直しをしますから、自分の衣装だけでも、500万円はくだらない。劇団員の分もあわせたら、気が遠くなるような金額で、計算したくもありません。

舞台とテレビの最大の違いは、お客さんが直接おカネを払ってくれるかどうか。一度公演がスタートすれば、昼夜2回の舞台で4000人もの方々がチケットを握りしめ、私の姿を見に来てくださる。ありがたいことです。

だからこそ、妥協はしたくない。この本のタイトルである「人生70点主義」も、「人間、好不調があるから、いつも満点はとれない。でも、プロとして、いつでも70点以上のものはお見せできるよう、全力を尽くしたい」という、私の座右の銘です。

こだわりを貫くため、梅沢劇団は衣装代も美術やスタッフのギャラも、一切が劇団持ち。芝居ができぬ日々が続くほど、持ち出しが膨らんでいきます。

いままで、どんなピンチも身一つで乗り越えてきました。でも、今回ばかりは自分の力ではどうにもならない。

テレビの仕事に絞ればいいじゃない。そんなふうに思う人もいるでしょう。

私自身も昔、たった一度だけ「テレビや映画の俳優として食えないかな」と、考えたことがあります。あれは19歳のとき。劇団の公演は、まだ小さい劇場が中心でしたが、役者として脂が乗ってきた私は、自信満々でした。

「デカい世界で、自分の演技を試したい」

ふとそう思い、とある映画のオーディションを受けに行ったのです。会場の松竹大船撮影所には、志願者が100人ぐらい詰めかけ、長い列をなしていました。

そこに、映画会社の若いヤツが現れた。そいつが、志願者を前から順に次々と帰らせていくんです。不思議に思っていると、やがて私の前にもやってきた。

「お前も、いらねぇや」

これにはさすがにカチンときました。

「演技も見ないでいらねぇとは、おかしいじゃねえか！」

すると、向こうは薄ら笑いで一言。

「オマエは眼が小さいからいらねぇ」

私は、舞台女優だった母親から、何かにつけて「役者ってのは、イチ声、ニ姿、サンに顔だよ」と言われながら育ち、研鑽を積んできました。声とたたずまいこそが何より大切であり、見た目は後回しだ、と。

それが、声さえ聞いてもらえず、追い返されようとは思いもしなかった。

「何かい、目ン玉デカい奴なら、誰でも映画俳優になれるっていうのかい！」

「うるせぇ、いいから帰れ」

こうして私の映画俳優への夢は、あっけなく砕け散ったのです。

それでも、不思議と未練はなかった。むしろ、このときこそ、「俺の居場所は舞台だ。舞台で生きていこう」と、固く心に誓った瞬間でした。

以後、出演ドラマ『淋しいのはお前だけじゃない』（'82年、TBS系）でのブレイクを経て、小椋佳さん作詞作曲の『夢芝居』で紅白歌合戦に出場しても、その決意が揺らいだことはありません。いまも公演中はワイドショーなどへの出演はお休みさせていただき、舞台に専念しています。

コメンテーターとして忖度なしに本音が言えるのも、「俺は舞台の人間。イヤなら使わなくて結構」という気概があるからこそ。ゆえに、舞台に立てないこの状況が、いっそう堪《こた》えているのです。

いやはや、どうしたものかねぇ……。

なっちゃんに会心の句を蹴散らされ……。『プレバト!!』秘話

誰がつけたか、私の二つ名といえば「下町の玉三郎」。しかし最近、小さな子供たちからは「俳句のおっちゃん」と呼ばれることが増えています。

そう、木曜の19時、私が毎週出演しているバラエティ番組『プレバト!!』のおかげです。

私は子供が大好きですから、「俳句のおっちゃん、頑張ってください！」なんてファンレターが届くと、嬉しくてたまりません。

毎回俳句を作り、その出来具合で段位が上がっていくこの番組。いまでこそ、コツコツとランクアップし「永世名人」の称号まで頂いた私ですが、最初に出演のオファーをもら

ったときは、なかなか気乗りがしませんでした。

だって、中学を出てから芝居一筋。学なんてまるでありません。お恥ずかしい話、「俳句ってアレだろ？　季語を入れときゃいいんだろ？」。そんなレベルでした。

それでも、仕事は仕事。事前に出されたお題をもとに、ブツブツとつぶやきながら考える日々が続いていたのですが、あるとき、ふと気がつきました。

「あれ、俳句って、芝居のセリフと似てるんじゃねえか」と。

幼い頃、私が親父から教わった、伝統的なセリフをご紹介しましょう。

〈花の司《つかさ》の　牡丹でさえも　冬は菰《こも》着て　春を待つ〉

〈いかが堅固な　要塞も　内から敗るる栗の毬《いが》〉

声に出して読んでみてください。どうです、どちらも見事に七五調でしょう。

1つ目は、「初夏にきれいな花を咲かせる牡丹も、冬の間はじっと寒さを耐え忍んでいる。人間、我慢が大事だよ」という意味。

2つ目は、「敵に備えて立派な要塞を作っても、身内の内紛が起これば、あっという間に崩壊してしまう。内輪モメが一番危ない」という戒めです。

マジメな話をすると、親父が現役の時代には、読み書きができない人がまだたくさんいました。だから、芝居には、セリフを通じて「人生の道理や教訓を、耳から教える役割」があったのです。

こういうことは、一生を通じて長く頭に留めておく必要がある。だからこそ、リズムがスッと頭に入りやすい七五調が多く使われていた、というわけです。

おかげで、小さい頃から芝居のセリフを叩き込まれてきた私は、俳句のリズムにすぐに慣れることができました。

一度気づくと、句を作るのがどんどん楽しくなってくる。プロの俳人や、長く続けている方には遠く及びませんが、歳時記を肌身離さず持ち歩き、空き時間ができるたびに、季語の勉強をしています。

そして、この番組で一番の人気を頂いているのが、師匠である「なっちゃん」こと、夏井いつき先生とのかけあいです。

時には、苦し紛れに「うるせえ、ババア」なんて口走ることもありますが、俳句を広めることに人生を賭けている彼女の姿には、私も深い敬意を払っています。

「俳句を教えてほしい」とお呼びがかかれば、彼女は日本津々浦々どこへでも飛んでいく。それでいて、俳句と関係のない仕事は、一切受けません。

なにせ老若男女が見る、あれだけの人気番組です。なっちゃんと私のセットで、他の番組やCMに出ないかという話も、たびたびありました。

ところが彼女は、「私は芸能人ではないので」と、にべもない。それでこそプロ、立派なもんです。いい師匠を持ちました。

子供たちにとって、悪態をつく私はいわば「バイキンマン」で、それを成敗する夏井先生はアンパンマン。そういうわかりやすい構図も、子供たちから愛されているゆえんではないでしょうか。

ちなみに、数え切れないほど作ってきた俳句の中で、私がとりわけ気に入っているのが、「雪と銀座のイルミネーション」というお題で詠んだ、次の一句です。

〈義士の日の　まねきに白く　降る夜空〉

「義士の日」というのは、忠臣蔵でおなじみの赤穂浪士たちが、吉良邸に討ち入った旧暦12月14日。そして、「まねき」は出演中の役者の名前が書かれた「招き看板」のことです。『仮名手本忠臣蔵』が上演されている銀座・歌舞伎座の正面に、招き看板がズラリと並んでいる。冬の夜にしんしんと降り続ける雪が看板に積もって、白く染めあげていく――。目の前に降る雪と、浪士たちが見上げた雪を重ねた句です。

どうです、なかなかでしょう。
我ながら「役者ならではの発想」と、番組で自信満々に披露しました。
ところが、なっちゃんの判定は、昇格なしの「現状維持」。完全に予想外です。
「なんでだよっ！」。思わず嚙み付く私。
すると、なっちゃんは一言。
「『まねき』が看板のことだなんて、いまの人にはわからないでしょ」
容赦のない、ド正論の刃。真っ白な雪が、紅い血で染まっていきます。
ホント、手加減というものを知らないババアですよ。褒めて損した！

北山くん、おめでとう！「金秋戦」優勝の一句にシビれた

いやぁ、見事に一本とられました。

『プレバト!!』俳句バトルの「金秋戦」、ジャニーズの北山宏光くんが詠んだ最優秀の一句です。

〈スマホ死す　画面に浮かぶ　指紋と月〉

月夜に電源が切れて、真っ黒になってしまったスマホの画面。煌々としたお月さまが、普段なら気にもとめない指紋をくっきりと浮かび上がらせている――。

なんとも幻想的な情景じゃありませんか。いまだスマホに慣れない、我々「ジジイ世代」には思いつかない一句です。

そもそも、彼は書道の有段者で、書道バトルでは目を見張るような活躍を見せていまし

た。しかし、俳句はといえば、夏井いつき先生から度重なる「才能ナシ」評価を喰らって苦心の日々。

それでも諦めずにコツコツと勉強を重ねて腕を磨き、ついに大一番での優勝を手にしたのです。

——おめでとう！　やるじゃねぇか……。

長年、レギュラーを務めている立場から言えば、他の仕事と並行しながら、毎週「渾身の一句」を詠むのは並大抵のことではありません。

ましてや、彼は超人気グループ「Kis-My-Ft2」（皆さん、読めますか、キス・マイ・フット・ツー、通称「キスマイ」です）のメンバーとして、慌ただしい日々を送っている。適当に詠もうと思えば、いくらでも詠めるでしょう。

でも、北山くんは毎回全力で考えて、夏井先生にぶつかっていった。そんな彼の心意気が報われたことが、まるで自分のことのように嬉しかったのです。

——俺も、負けてらんねぇな。

久々に、いい刺激をもらいました。

「梅沢さんって、年配の人がよく使う『いまどきの若い人は〜』って言い方をしないですよね」

先日、編集者の若者から、こう言われました。確かに、「老害芸」で食べているのに、まったく口にしない言葉です。

だって、若くて立派なヤツもいれば、いたずらに歳を重ねただけの年寄りもいる。逆もまた然りで、年齢で相手を見ても、仕方がないじゃありませんか。

でもそれ以上に、北山くんに限らず、私が現場で一緒になる若者は皆しっかりしていて、文句を垂れる場面がないのです。

いつも的確に突っ込んでくれるオードリーの二人は言うにおよばず（もう若者という歳でもないか）、みちょぱ（池田美優）やにこるん（藤田ニコル）も、自分の「武器」を心得ていて、移ろいの激しい芸能界をうまく生き抜いている。

その点、自己プロデュースの上手《うま》さに舌を巻いたのは、やはりフワちゃんです。全身パステルカラーの服装にタメ口。強烈な出で立ちでインパクトを与えつつ、バラエティでの振る舞い方を心得ているので、仕事が途切れない。

ついこの間も、彼女らしい気配りを垣間見る機会がありました。食べ物屋さんでロケをしたときのことです。

コロナのこともあって、出演者もスタッフも、店の入り口で念入りにアルコール消毒をするのですが、私が自分の順番を待っていると、フワちゃんが明るい声でスタッフに声をかけたのです。

「ねぇねぇ、消毒は梅沢さんからにしよーっ!」

現場でダントツに年長な私を、彼女はさりげなく立ててくれたのです。

「長幼の序」なんていうと、いかにも堅苦しいですが、あの口調だから、角が立つこともありません。

些細なことですが、とても嬉しかった。

「とみお〜、一緒に写真撮ろうよ〜」

「おう、撮ろう、撮ろう!」

収録中は彼女が常に持ち歩いている「自撮り棒」を使ってツーショットを撮るのが、現場の楽しみになっています。

そういえば、レギュラーで出演させてもらっている『トリ肉ってなんの肉!?』(テレビ朝日系)という番組があります。

風呂敷の包み方から、挨拶のしかたまで、芸能人の「常識力」をチェックする内容なのですが、その収録で、若い共演者から相談を受けたことがありました。

「私、あまりにもモノを知らないので、どうしていいかわからなくて……」

番組での自分の立ち位置に、真剣に悩んでいる様子。私は、努めて明るい調子で彼女に言いました。

「何も知らないから、いいんじゃない！　君が簡単にクリアしたら、お茶の間は『へぇ、すごいね』で終わり。堂々と間違えて笑ってもらうのが、君の『仕事』だよ」

「ありがとうございます！」

彼女は、ちょっと安心した様子で、ペコリと頭を下げて去っていきました。

――それだけ真面目に考えていれば、きっと大丈夫。頑張れよ。

心のなかで、そっと声をかけるジジイでありました。

100％バレる！ 梅沢家「浮気発覚三大噺」その❶

ゴルフや料理など、私にはいろいろな趣味がありますが、一番目がないものは、なんといっても「オネーちゃん」です。

「現場で橋本マナミちゃんや藤田ニコルちゃんを口説いていた」というのはもはや笑い話になっていますが（実話です）、過去には何度か火遊びがバレて、カミさんに熱いお灸を据えられています（もっとも、私はシロウトの女性には絶対に手を出さないので、後腐れやトラブルを起こしたことはないのですが……）。

名付けて「浮気発覚三大噺」。あちこちで披露して、もはや古典落語のようになっているのですが、ここでも披露させていただきましょう。

梅沢劇団はただいま名古屋・御園座《みそのざ》で絶賛公演中なのですが、「三大噺」のひとつは、この名古屋をダシに使った「空港事件」でした。

あれはもう、30年ほど前のこと。カミさんに「テレビの仕事で名古屋に行ってくる」と言って、家を空けたことがありました。

でも、名古屋というのは真っ赤なウソ。本当は、オネーちゃんを連れて沖縄へ一泊旅行にでかけたのです。

ところが、那覇に着いた途端、にわかに空模様が怪しくなってきた。天気予報をロクに見ていなかったのですが、なんと台風が沖縄を直撃するらしい。

当然、帰りの飛行機は欠便に。休み明けに「本当の仕事」の予定が東京で入っていた私はもう大慌て。空港の受付カウンターを回り「どこでもいいから、俺を本州まで乗っけていってくれ！」と、土下座せんばかりの勢いで頼み込みました。

そうこうしていると、カミさんから電話がかかってきた。

こんな一大事に、電話なんかかけてきやがって——。そんな言葉をぐっと飲み込み、「ママ、どうしたの？」と、猫なで声で電話に出ます。

すると、「いまどこにいるの？」と、しょうもないことを聞いてくる。

「バカなこと聞くな！　名古屋に決まってんだろ！」と思わず声を荒らげる私。

「………」

しばしの沈黙のあと、カミさんは静かに言いました。

「あら、そう。おかしいわねぇ。那覇空港からの中継に、あなたが映っているんだけど。女の子と一緒に」

「あ……」

取り乱していたので、気にも止めなかったのですが、私のすぐそばには、台風の状況を中継するテレビ局のカメラが。

サーッと、自分の血の気が引く音が聞こえたのは、あのときが初めてでした。

〈「完全犯罪」のつもりだったのに、こんなバレ方ってアリかよ〉

恨み節のひとつも言いたくなりましたが、発覚してしまっては仕方がない。その後、カミさんには平謝りし、すべてを説明しました。

それから、「マイケル・ジャクソン事件」というのも忘れられません。

私たち夫婦は揃って、いまは亡きマイケルの大ファン。ある年、彼が来日したときに、カミさんから「一緒に公演に行きたい」と誘われたのです。

でも、私はすでに、当時遊んでいたオネーちゃんと一緒に見に行く約束をしてしまっていた。

それで、「悪いなぁ、その日は仕事なんだ」とお茶を濁して逃げました。

迎えたライブ当日。私は人目につかぬよう、他の観客が入りきった頃を狙って、会場の横浜スタジアムに着きました。

外タレの公演は、1時間や2時間遅れるのは当たり前。皆が着席し、人がまばらになった廊下を、オネーちゃんと手をつなぎ、ウキウキ気分で歩いていました。

すると、正面から見慣れた人影が。

なんと、カミさんが義妹と連れ立って、こちらに向かって歩いてくるではありませんか。

どうやら、私に振られても諦めきれず、今度は自分の妹に声をかけたらしい。

慌てふためく私。しかし、スタジアムの廊下は一本道で、右にも左にも逃げ道はありません。もはや絶体絶命。マジの「スリラー」です。

案の定、ばっちりと目が合いました。

しばし見つめあう二人。にっこりと微笑むカミさん。

そして彼女は足を止めることなく、すれ違いざま、こちらを向いて元気に一言。

「こんにちは♪」

漢《おとこ》・梅沢、これまで幾度も人生の修羅場をくぐり抜けてきましたが、あんなに恐ろしい「ご挨拶」は最初で最後です。義妹は義妹で、私の耳元で「バ〜カ」と囁いて去っていきました。

その後、ステージで「ポウ！」と叫ぶマイケルの姿を、哀れな中年男が死んだ魚のような目で見つめていたこと、そして、家に帰ったあと、公演時間を遥かに超える「事情聴取」が待っていたことは、言うまでもありません。

紙幅が尽きてしまいました。浮気三大噺、トリを飾る「戦慄の青山ゴルフ場事件」は、また稿を改めてご紹介いたします。

思い出したくねえなぁ……。

100%バレる！ 梅沢家「浮気発覚三大噺」その❷

前回、梅沢家「浮気発覚三大噺」のなかから、「空港事件」と「マイケル・ジャクソン事件」をお送りしましたが、大トリを飾るのが、今回の「青山ゴルフ場事件」です。

あれは、何年前だったか。当時、私が遊んでいたオネーちゃんが、南青山3丁目に住んでおりました。

つかの間の休日、久々に彼女と遊びたかった私は一計を案じ、「この日は、千葉で友達とゴルフをしてくるよ」と、随分前からカミさんに伝えていたのです。

私は大のゴルフ好きで、そのゴルフ場には何度も行っていましたから、不自然なところは何もありません。

とはいえ、何度となく浮気を見破ってきたカミさん。どこで勘づくかわからないので、入念な演技を披露します。

わざわざ早朝に布団を出ると、ゴルフウェアに身を包み、手早く朝食をかき込む。何なら、素振りをして、「うーん」なんて首を傾げて見せたりもします。

重たいゴルフバッグをせっせと車に積み込み、玄関まで見送ってくれたカミさんに「ママ、行ってくるね」とニッコリ。

これはどこからどう見ても、休日ゴルフに勤しむお父さんの姿。今度こそ「完全犯罪」の成立です。

――よもや、バレることはあるまい。

意気揚々とでかけた私は、南青山3丁目の駐車場に車を止めて、オネーちゃん宅に突撃。キャッキャウフフの、めくるめく時間を過ごしたのでありました。

さて、楽しい時間はあっという間に過ぎ去り、夕暮れ時。車の中でふたたびゴルフウェアに着替えた私は、乱れた髪を整え、何食わぬ顔で帰宅しました。

「ただいま〜。いやぁ、今日は疲れたよ」

いかにも疲労困憊といった声色。我ながら、白々しいものです。

ところが、いつまでたっても「おかえりなさい」の返事がない。

そろそろとリビングに入ると、カミさんがこちらをジロリと一瞥します。

「どこに行ってきたの？」

一瞬、うろたえそうになるのを、グッとこらえる私。

――バレた？　バレたのか？

しかし、あれだけ念入りに「熱演」したのですから、バレっこない。思い切って強気に出ます。

「ど、どこって、ゴルフ場に決まってるじゃねえか！」

沈黙するカミさん。さすがは役者の妻、「タメ」の効果をわかっています。

「ふ〜ん。青山に18ホールの大きなゴルフ場なんてあるんだねぇ」

「あ、青山？　千葉って言っただろ！」

「だって、GPSで調べたら、お父さんの車、朝の7時から、南青山3丁目の駐車場にずっと止まってたわよ」

あとで知ったのですが、当時、私が住む地域では、車の盗難が多発していました。「お父さんの車が盗まれたら大変だ」と心配したカミさんは、馴染みのディーラーに相談して、防犯対策用のGPSをつけてもらっていたのです。

その名も「いまどこサービス」。まったく、気の利いた名前つけやがって……。

「秘密兵器」の前に敗北を悟った私は、神妙にお縄についたのでありました。

かくして、これまでの浮気は、だいたいバレています。そのたびに、カミさんにお灸を据えられ、頭を下げてきました。

「愛想を尽かさない奥様は、本当に立派ですね」

顚末を聞いた人からは、よくそう言われます。当の私もまったく同感です。

私がいくら遊んでいても、カミさんが落ち着き払っているのには理由があります。それは、彼女の父親もまた色を好む人だったこと。

義父は、裸一貫から建設業を立ち上げ、病気や倒産の危機を乗り越え、財を成した豪傑。私が駆け出しの頃から応援してくれた恩人です。

昔、その義父が倒れて入院し、家を留守にしたことがありました。すると、カミさんが封筒をいくつも用意して、次から次へとおカネを詰めている。

不思議に思い、「何をしてるんだい」と尋ねると、「父の代わりに、お妾《めかけ》さんたちにお手当を渡しにいくの」と。

そんなことを頼む父も父なら、こともなげに引き受ける娘も娘。キモの据わり方が尋常ではありません。

私たちが結婚するとき、義父はカミさんに言ったそうです。

「役者と一緒になるんなら、カネや女のことで泣きごとは言いなさんな。覚悟を決めてから結婚しなさい」

私も含めて、芸事で食っていこうとする人間は、どんなに立派なことを言っていても、心の底に「目立ちたい」「モテたい」という欲望を、ずっと持っている。

叩き上げの義父は、そのことをよくよくわかっていたのだと思います。

この父娘には、頭が上がりません。

「俺は、もうダメかもしれない」折れかけた心を支えてくれたのは、家族でした

耐えに耐えたコロナ禍の日々。ここにきて、ようやく舞台に立てる日が決まりました。

秋の半ばに、名古屋の御園座で田川寿美さん、松居直美さんを迎えて特別公演をすることになったのです。

いやはや、この日をどれだけ待ちわびたことか。当たり前のように舞台に立てること。それが、どれほどありがたいことか。身をもって実感しています。

とはいえ、油断は禁物。ここで何かあったら、取り返しがつきません。会場の感染対策はもちろんのこと、私を含めた劇団員全員がＰＣＲ検査を受け、無事に陰性。満を持して稽古入りした次第です。

さて、今回披露する演目は、歌舞伎でおなじみの『勧進帳』。時は鎌倉時代、将軍・源頼朝の怒りを買った義経一行は、一路奥州へと逃げ延びる。その道中、安宅《あたか》の関（石川県小松市）をくぐり抜けるべく、関守の富樫左衛門と対決する義経と武蔵坊弁慶の機知を描いた、言わずと知れた名作です。

見せ場はいろいろとありますが、白眉となるのは、義経の正体がバレそうになった瞬間、弁慶が持っている杖で義経を強く打つシーンです。

家来が主君を打つなどというのは、本来なら打ち首モノの無礼。そこまでしてでも義経を助けようとした弁慶の姿に感銘を受けた富樫は、関所の通過を許す。泣きどころをきっちり用意した人情芝居であることが、人気の秘訣でしょう。

ただ、最初に歌舞伎で見たときは、「いまいち盛り上がりに欠けるな」と、あまり好きになれませんでした。

歌舞伎というのは、演目の中に、物語の展開が大きく動かない「ダレ場」を作ります。お客さんをあえて退屈させたところに、満を持して主役が登場することで、芝居にメリハリがつく。

でも、あれはある種の「教養」として、我慢しながら観てくれるお客さんがいる伝統芸能だからできること。

多くの人が肩の力を抜いて楽しみに来る大衆演劇で同じことをすれば、あっという間に白けてしまいます。我々は一瞬でも「ダレ場」を作ったら負けなのです。

どうしたら、ウチのお客さんにも満足してもらえる『勧進帳』を作ることができるのか。そこで、考えたのが『大笑い！　勧進帳』という新しい脚本でした。

喜劇を挟むことでストーリーを解きほぐし、音楽も場面にあわせて生バンドでジャカジャカと盛り上げる。弁慶に扮した私が、八代亜紀さんの名曲『舟唄』にあわせて踊る一幕まで用意しました。

いま、このシーンでは何が起きているのか。登場人物の喜怒哀楽はどうなっているのか。予備知識がなくても楽しめるように、わかりやすく表現していきます。

たとえば、富樫に酒を振る舞われた弁慶が酔ったふりをして踊る場面があるのですが、ここでは皆がいっせいに「イッキ！　イッキ！」と、昔流行った歌を歌い出します。

時に爆笑、時にホロリと涙を流してもらって、すべてのお客さんに気持ちよく帰っていただく。この「お客さんファースト」が梅沢劇団の目指すところです。

振り返れば、この数ヵ月は、私にとって人生でもっともつらい時間でした。

舞台に立てないショックはもちろんのこと、9月にミュージカル俳優の藤木孝さんが亡くなったことが大きかった。

藤木さんとは、ドラマの現場でご一緒することが多かったのですが、役作りにかけるひたむきさ、ストイックさにたびたび圧倒され、心から尊敬する役者さんの一人でした。

その藤木さんが「役者として続けていく自信がない」と書き残し、自らこの世を去ってしまった。

芝居ができず、ただいたずらに過ごす日々が、どんなにつらかったか。どんなに悔しかったか。藤木さんの胸中を思うと、胸が張り裂けそうになりました。

明けない夜はない、という言葉もありますが、夜が長ければ長いほど心は少しずつ力を失っていきます。「細かいことは気にしない」というのがモットーの私も、今度ばかりは例外ではありませんでした。

「俺も、もうダメかもしれないな」

ある日、テレビの収録を終えて家に帰ると、リビングのソファにへたり込み、いままで吐いたことのない弱音を漏らしてしまいました。

すると、これまで仕事のことで口出しをすることは一切なかったウチのカミさんが、キツパリと言ったんです。

「そんなの『梅沢富美男』じゃない。お客さんも、みんなお父さんのことを待っているのに、ここで踏ん張らないでどうするの！」

次女からは、こう言われました。

「何くだらないこと言ってんだ、オネーちゃん遊びでもして来い！」

家族の言葉はガツンときました。

私には、待っていてくれるお客さんがいて、劇団員たちがいる。ここで弱気になってどうするんだ……。

気持ちを立て直せた瞬間でした。

そんな日々を過ごし、晴れて迎える公演だけに、意気込みはひとしおです。

お客さんにも、カミさんにも、そして天国の藤木さんにも、決して恥じることない舞台を見せたい。そんな思いで、今日も稽古に励んでいます。

あれから10年目の春に。忘れられない被災地の「記憶」その❶

もう、10年になるのか――。去る2月の半ば、福島県沖を震源とする大きな地震があったとき、'11年の東日本大震災の記憶に思いを馳せた方は、きっと少なくないでしょう。

かくいう私も、震災直後の現地に足を踏み入れ、打ちのめされ、人生への考え方が大きく変わった一人です。2回に分けて、その話をさせてください。

「赤ちゃん用のミルクが足りません。どうか助けてください」

きっかけは、地震から数日後に被災地から届いたSOSでした。

どんなに追い込まれても、大人には自分で動きまわり、助けを求める力があります。しかし、赤ん坊はミルクを与えてもらえなければ、すぐに飢えてしまう。

いても立ってもいられなくなった私は、買い占めにならないように注意を払いつつ、事務所のスタッフと手分けして、ミルクの確保にかけずり回りました。

さらには、全国の後援会の皆さんや、協力を申し出てくれた方々から送られた物資で、事務所は満杯になりました。

——さて、どうやって現地に届けようか。

一刻を争う状況下、すぐに届けるには自分たちで運ぶしかありません。

とはいえ、当時は福島原発の事故に関する情報が錯綜していて、被曝を危ぶむ声もありました。

私にも妻とかわいい2人の娘がいます。迷いがなかったといえば、ウソになる。

しかし、背中を押してくれたのは、他ならぬカミさんでした。

「もし放射能の影響があったとしても、今日、明日にどうこうなる話じゃありません。お父さんの年齢なら関係ないわよ。行きたいのなら、いってらっしゃい」

臨床検査技師の資格を持つ彼女の言葉には、おおいに勇気づけられました。

幸い、劇団には全国公演のためのトラックとバスがあります。近所の警察署に「救援物資輸送中」と書かれた許可証を発行してもらい、物資を積み込んで、一路被災地へと向かいました。

東京から高速を飛ばすこと4時間ほど。現地の惨状は、想像を遥かに超えるものがありました。

車の窓から市街に目を向けると、まるで町全体が洗濯機にかけて回されたかのように、おびただしい量の瓦礫や残骸が積み重なっている。かたや、津波に襲われた海側は、すべてを波にさらわれて、何もない地平が延々と続いている。

一歩降り立つと、言葉では言い表せない強烈な臭いが鼻をつきました。

——ああ、来るんじゃなかった。

いい歳をしたオヤジが覚悟を決めて来たはずなのに、「ウッ」と怯まずにはいられなかった。情けない話です。

それでも、行く先々で「来てくれてありがとうねぇ」と気丈に声をかけてくれる地元の皆さんの姿には、たびたび涙がこぼれそうになりました。

間を空けず、2度目に被災地を訪れたときは、物資に加えて、豚汁の炊き出しの材料を数百人ぶん持っていきました。

早朝に東京を出て、ようやく現地に到着して荷物を降ろし終えると、自分たちが腹ペコであることに気がつきました。

私たちの食事は、東京から持ってきたおにぎりと卵焼き、そしてウインナー。「ただでさえ物資の少ない現地でモノを買うわけにはいかないから」と、いまは亡き家内の母親や叔母たちがせっせと作り、保存容器に詰めてくれたものです。

「腹が減っちゃぁ、戦はできない。チャッチャとメシにするか」

ところが、劇団員たちはなかなか食事に手をつけようとしません。

「看板《カンバン》（私の呼び名です）、あの子たちが見ている前じゃ、とても食えませんせん」

気まずそうに指差すほうを眺めると、避難所の子供たちが、ウインナーの入った保存容器をじっと見つめている。

別に、珍しい食い物でも何でもありません。ちょっと前なら「またウインナーかよ」なんて、お母さんに文句を垂れながら食べていたのかもしれない。

それが一夜にして、めったに食べられぬ貴重品へと変わってしまったのです。

——切ねぇなぁ、わけてやりたい……。

しかし、全員にわけ与えるにはとうてい足りません。さりとて、一部の子にあげてしまえば、貰えなかった子を傷つけてしまう。中途半端なことはできません。

やりきれない気持ちを抱えながら、人目につかないところに移って、ひっそりと食事をしました。

夜はもちろん、車の中で雑魚寝《ざこね》です。暗くて狭いところが大の苦手な私ですが、そんなことは言っていられません。

なかなか寝付けぬなか、ふと窓の外を眺めると、真っ暗闇の向こうに、星がきらきらと輝いている。

——人間の運命って、何なんだろう。

そんなことを考えているうちに、あっという間に夜は更けていきました。

あれから10年目の春に。忘れられない被災地の「記憶」その❷

前回に続いて、東日本大震災の際のことをお話しさせてください。

幼い時分、福島の祖母に預けられていた私にとって、あの震災は決して他人事《ひとごと》には思えなかった。物資を運んだり、炊き出しをして回ったりと、かれこれ5回は現地にお伺いしたでしょうか。

皆さん歓迎してくださいましたが、中には、善意を伝えることの難しさを実感する場面もありました。

地震発生からしばらく経ち、ぽつぽつと仮設住宅が立ち並ぶようになったときのことです。

ちょうど夏場だったので、皆さんにスイカを振る舞いたいと、トラックに200玉を載せていきました。

「みんな喜びますから、どうぞ梅沢さんの手で渡してあげてください」

現地のスタッフさんにそう言われ、劇団員みんなで、おおいに張り切りながらスイカを切り分けます。

すると、順番を待つ長い列に、2人のおじいさんが割り込んできた。

「おじいちゃん、数は十分あるから列にならんでください」

スタッフさんに注意をされてバツが悪かったのでしょう。そのうちの一人が、私のほうをちらりと見て、吐き捨てるように言いました。

「俺たちは、乞食じゃねえんだよ」

一瞬にして、場の空気が凍りつきます。

「こんなもん持ってくるなら、カネをよこせよ、カネを！」

頭に、カッと血が上りました。いつもなら、「なんだ、このヤロウ！」とケンカを買って出ていたかもしれません。

でも、ぐっとこらえました。

——これも、きっと震災のせいなんだ。

一瞬にして、ずっと生きてきた場所をメチャクチャにされた。家もなく、もしかしたら家族を亡くしていたかもしれない。積もり積もった哀しみが、おじいさんの心から、人の気持ちを素直に受け取るゆとりを奪ってしまったのではないか。

劇団員もショックを受けたのでしょう。その日の帰り道、車のなかで誰一人として言葉を発しませんでした。

「人にやさしくする」というのは、自分たちが思っている以上に、繊細で、難しい行為なのかもしれない。そのことを、まざまざと突きつけられた出来事でした。

一方、深く感じ入ったこともあります。

ある日、郡山の避難所を訪れると、一人のおばあさんが背中を丸めて泣いていました。

「私はもう死んでしまいたいよ」

聞くと、息子夫婦とお孫さん2人を震災で亡くしたという。

「神様、こんな命ならいつでも差し上げます。だから、どうか、どうか4人を生き返らせてください……」

声を震わせながら、一生懸命に手をあわせる姿にかける言葉が見つからず、私はじっと下を向くしかありませんでした。

すると、隣にいた中学生の女の子が、おばあさんの背中をスッと抱くと、こう言ったのです。

「おばあちゃん、せっかく助かった命だから、そんなことを言っちゃダメよ。みんなで一緒に頑張りましょう、ね？」

穏やかに包み込むような、それでいて毅然とした声でした。

——ああ、なんて強い子だろう。

のちに私は、彼女自身が津波で両親を亡くし、寄る辺ない身の上となっていたことを知ります。

中学生にして天涯孤独となり、自暴自棄になってもおかしくない。そんななかで、彼女は心を奮い立たせて、おばあさんを励ましていたのです。

あの光景を目にして以来、私は「気取った芝居は二度とやるまい」と心に誓いました。

大衆演劇の演目のなかには、説教臭い芝居も、技術を見せつけるような小難しい芝居もあります。

でも、私が世の中に伝えたいのは、この女の子が見せたような「人の心のぬくもり」なのだと、改めて気づかされました。

ツウを唸らせるような芝居なんて、歌舞伎役者にまかせておけばいい。生きていくことの悲哀や、人情のぬくもりを、肌で感じてもらえるような芝居をしよう。

そう、固く決心しました。

数年後、復興が進んだ現地で、晴れて劇団の公演ができる日がありました。演目は、もちろん人情芝居です。

幕が開き、客席の後ろのほうを見つめると、長い横断幕が掲げられているのに気がつきました。

〈梅沢劇団のみなさん、ありがとう〉

大きく書かれた文字を背中に、これまで被災地で関わってきた皆さん、そして、子供たちがひらひらと手を振っている。

――お礼を言いたいのは、こっちのほうなのに……。

50年を超える役者人生、両眼を真っ赤に腫らしながら踊ったのは、あれが最初で最後です。

「ちょいと一杯」の喜びを込めて。レモン沢富美男が生まれた日

若い日の憧れというのは、いくつになっても眩しく見えるものです。

私がブレイクする前、財布がペラペラだった頃の夢は、サントリーのウイスキー、いわゆる「角瓶」をいつでも飲めるような身分になることでした。

同年代の方はご存じでしょうが、いまでこそ手軽に手に入る角瓶も、その昔はアルコール度数の高い「特級」として、高い税金をかけられていました。駆け出しの若者には、あの琥珀色の液体が、キラキラと輝いて見えたもんです。

念願かなって角瓶を初めて開けたときの記憶は、いまも鮮明に覚えています。口当たり

は驚くほど軽く、喉が少しヒリっとしたあとで、甘い香りがふんわりと鼻の中を抜けていく。飲み慣れていた安酒とは、味も香りもまったく違いました。

――こんな酒を作るなんて。日本人ってのは、やっぱりすげえや。

空っぽになっても瓶を捨てるのが惜しく、溝のところをコンコンと削って貯金箱にして、後生大事に持っていました。

稼げるようになってからは、ありとあらゆるウイスキーを試してきました。青天井の世界ですから、ロックで飲めば角瓶より美味しい酒はたくさんあります。でも、ことハイボールにして飲むのには、いまだに角瓶がいちばん美味い。

そんな、格別の思い入れがあるサントリーから、CMの話が舞い込んだのが3年ほど前のことです。これこそまさに、相思相愛。喜び勇んでマネージャーに詳細を尋ねました。

「俺のウイスキー好きが、ついに天下のサントリーの耳に届いたか。ええ、角瓶かい？それとも『山崎』？『白州』なんかもオツだねぇ……」

ところが、です。

「違います。ウイスキーじゃなくて、レモンサワーです」

「は？」

「カンバンがおっきなレモンの被り物をして『レモンサワーの妖精』になるんです」

ポカンとする私。真顔のマネージャー。

――被り物、妖精だぁ……？

私も、古希を迎えるジジイです。酸いも甘いも嚙み分けてきた「大人の円熟味」をウイスキーに重ねるお仕事かと思いきや、想像の斜め上を行くイロモノとは。

しかし、聞けばサントリーの担当者の熱意は、並々ならぬものがあるという。

「先方は『梅沢さんの出演なくして、この商品の販売は考えられない』とまで言ってくれています」

CMの製作には莫大なおカネがかかります。そのぶん、キャスティングも様々な候補を用意し、じっくり検討しながら決めるのが普通です。そんなふうに企画段階から一人に絞り、熱烈なラブコールをもらえるのは異例のこと。タレントとして意気に感じないはずがありません。

「よっしゃ、そんなに言うならレモンでもなんでも被ってやろうじゃないか！」

一度引き受けたからには、全力でやるのが私の流儀です。全身をまっ黄色に塗りたくると、巨大なレモンを被って、「こだわり酒場のレモンサワー!!」と絶叫。女形と並ぶ私のトレードマーク「レモン沢富美男」が誕生した瞬間でありました。

果実の味わいを凝縮した商品自体の美味しさと、身体を張ったCMのインパクトが相まって、このレモンサワーは当初予測の十何倍もの売り上げを記録。爆発的なヒット商品と相成ったのです。

以来、変わらずレモン沢のキャラクターを務めていますが、'21年夏に放映されたバージョンの撮影には、とりわけリキが入りました。

ご機嫌なレモン沢が、『夢芝居』のイントロを口ずさみながらレモンサワーを作り、最後に不敵な笑みを浮かべて一言。

「ウ〜ン、サントリィ！」

お気づきになられた方もいらっしゃるかもしれませんが、このCMは'70年代半ばに放映された「サントリーウイスキーホワイト」のCMへのオマージュです。

♪コンコン、チコンチコン……

往年のエンターテイナー、サミー・デイヴィスJr.が軽快なリズムを刻みながらコップに氷を放り込み、ウイスキーを注ぐ。1分ワンカットの映像からは、手ずから酒を作って飲むワクワクが溢れ、20代の私は強い衝撃を受けました。

「大人の酒」への憧れをくれたあのＣＭを、コミカルに復活させたい。そんな希望をサントリーに伝えたところ快諾してもらい、晴れて撮影が決まったのです。

もっとも、30秒、60秒のワンカットで水割りを作りつつ、歌をきっちり収めるのは至難の業。娘の監督のもと、自宅でタイマーを使いながら猛練習を重ねました。

「5秒早い！」「今度は3秒遅い！」。なかなかのスパルタです。気づけば、空けたレモンサワーのボトルは5本。終わる頃にはベロンベロンになっていました。

おかげで、撮影当日はわずか数テイクの撮影でクランクアップ。「さすが、プロの仕事ですね」と監督からも褒めていただき、大満足です。

――どうだい、酒って愉しいんだぜ。

サミーほどカッコよくはありませんが、そこに込めたメッセージは同じ。

「ちょいと一杯」の喜びが、お茶の間に伝わっているといいなぁ。

「鳥」の章

摘発！ カミさん警察24時「浮気発覚の瞬間」をカメラが捉えた!!

「ジャーカ、ジャカジャカジャカジャ〜ン！」

ただいま、レモン沢こと私が『夢芝居』の鼻歌を歌いながら水割りを作る「こだわり酒場のレモンサワー」の新CMが絶賛放映中です。

近年は次から次へとCMのお話をいただき、「CMタレントランキング№1（シニア部門）」を自称している私ですが、「企業の皆さん、俺でいいのか？」という気持ちはいつも持っています。

だって、こんなに堂々とオネーちゃん遊びを公言している俳優は、芸能界広しといえども私ぐらいでしょう。もっとも、スポンサーさんに言わせると、「梅沢さんの女好きは日本中みんな知っているから、なにか発覚したところで企業のイメージダウンにはなりませんよ」とのこと。

ありがたいというか、情けないというか……。

それじゃあ、と調子に乗るのもなんですが、近年の思い出深い「浮気発覚エピソード」をご紹介しましょう。まずは「メール誤爆事件」。

カミさんが出張中のある日、私は自宅のソファで、仲良しのオネーちゃんと熱いメールのやりとりに興じていました。

〈とみおさん、だ〜い好き〉

こっ恥ずかしいメッセージの応酬に、すっかり舞い上がる私。ちょうどそのとき、ピロリンと別のメールが届きます。

〈羽田に着きました。今から帰ります〉

——なんだ、母ちゃんかよ。水差すんじゃないよ、まったく。

色気のないメールはさっさと閉じて、お返事をポチポチとしたためます。

——お・れ・も・だ・い・す・き・だ・よ・♥……、送信っと。

無事にメールを送り終えて少し経つと、カミさんが帰ってきました。

「ママ、おかえり！」

メールの余韻を残し、上機嫌で迎える私。向こうも嬉しそうです。

ただ、表情は明るいものの、何かがおかしい。私の隣に座ると、彼女はいそいそと携帯を取り出します。

「お父さん、これスゴいから見てよ～」

きっと仕事先で撮ってきた写真かなにかだろうと思い、「どれどれ」と覗き込んだ次の瞬間、絶句しました。

〈俺もダ～イスキだよ♥〉

一瞬のフリーズののち、自分が犯した最悪の誤送信に気がつきました。

――やべぇぇぇぇぇぇぇ。

隣をちらりと見やると、先ほどまでの笑顔はすっかり消え失せ、氷のような視線が注がれています。

「このバーカ！」

カミさんの一言を合図に、私は床にへたり込むしかありませんでした。あれ以来、メールを送るときは必ずアドレスを二重チェックするようにしています。

それから、「防犯カメラ事件」というのもありました。

あるとき、家の近くで泥棒の被害が多発していたので、カミさんの意向で我が家にも数台の防犯カメラを設置しました。

しばらくして、刑事さんが訪ねてきました。

いわく、「この近辺でまた空き巣がありまして。梅沢さんの家の監視カメラも確認させていただけますか」。

捜査への協力は市民の義務。「どうぞどうぞ」と、鷹揚に招き入れました。

念のため、私とカミさんも一緒になって早送りで映像を確認します。でも、画面上で出入りするのは義母や劇団員ばかりで、めぼしい収穫はありません。

動きがあったのは、映像が夜中に差し掛かったときでした。

「ちょっと、止めてください！」

刑事さんの眼がキラリと光ります。

そこに映っていたのは、黒い服を着て、ゴルフキャップを目深に被った、見るからに怪しい男。中庭をうろつき、家のなかの様子をキョロキョロとうかがったあと、忍び足で裏口から外へ出ていくではありませんか。

「梅沢さん、この怪しい男は!?」

「うーん」と口ごもる私。

「これ、パパよねぇ（ジロリ）」。カミさんの一言。

――ギクリ……。

刑事さんはポカンとした様子です。

「え、ご自宅なのに、なんでこんなにコソコソされているんですか」

「ほら、ちょっと仕事があったもんだから。夜中だし、みんな起こしちゃ悪いし……」

「へえ～、あんな時間からお仕事ねぇ。ふーん、あ、そう」

ええ、もちろんウソですとも。

「トンちゃん、寂しいっ！」。オネーちゃんからの熱烈なラブコールを受け、漢・梅沢、真夜中の「スクランブル発進」をかける決定的瞬間だったのです。

まさか、防犯カメラによる摘発第一号が自分になろうとは。事情を察した刑事さんは、苦笑いを浮かべながら署へと帰って行きました。

その後、静まり返った我が家では、本職より遥かにコワい「女刑事」による、夜を徹した取り調べが行われたことは言うまでもありません。

我が家の「浮気検挙率」は、ほぼ１００％です。

もう我慢ならない！コロナ対策、この国のお上の「体たらく」

「やることなすこと遅すぎやしねぇか！」

皆さん、同じことを感じていらっしゃるんじゃないでしょうか。そう、お上のコロナ対策です。

'20年の11月には、すでに感染者増が報じられていたのに、ボーッと静観し続けて、年が明けて絶望的な数まで増えたところでやっとこさ重い腰を上げ、緊急事態宣言。「こんにちは、ガースーです」じゃねえっつうの。

年末年始にかけて感染者が急増したのだって、もとを正せば、政府がダラダラと「Go To トラベル」を続けていたからでしょう。

私は、あのキャンペーン自体が悪いなんて言うつもりは毛頭ありません。

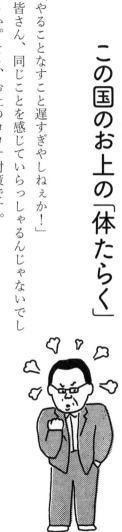

あれのおかげで、地方の旅館や食べ物屋さんは、ずいぶんと助かったでしょう。実際、私がある旅番組のロケで訪れた青森の人たちは「やっと人が戻ってきてくれた」と胸をなでおろしていた。必要なことだったと思います。

ただ、ずっと続けていくうちに感染者が増えていくのは、わかりきっていた。それを、「経済活動と感染防止を両立させる」なんて中途半端なことを言って、放っておいたのが悪いのです。

ワイドショーなどで私も言い続けてきましたが、11月くらいの時点でいったんキャンペーンをやめ、10日間でもいいから期間を区切ってロックダウンのようなことをやればよかった。

昔は正月なんて、街中が休みになっていたけど、誰も困らなかった。「これから10日間に限り、すべてのお店を休みにする」と宣言すれば、感染者を劇的に減らせたかもしれません。

年明けにようやく宣言を出すんだから、遅すぎます。

「休業要請をするとカネがかかるから」と躊躇していたのかもしれませんが、公共工事で道路作ったり、穴掘ったりするカネは山ほどある。それを1年や2年先送りすればひねり出せるでしょう。

タバコの税金だって、毎年のようにバカみたいに上げまくっているんです。原資がないはずはない（これは私の個人的な恨み言です、失礼）。

足りないのは金子《きんす》じゃなくて、殿様の「決断力」でしょう。

私は、政治家に常日頃から身ぎれいでいてほしいなんて、ちっとも思わない人間です。英雄色を好むじゃありませんが、女遊びをしたけりゃすればいいし、政《まつりごと》には時に清濁を併せ呑まなきゃいけない場面だってあるでしょう。

それを週刊誌やワイドショーに叩かれたって、「なんだ、文句あるか」と堂々としてりゃいい。

だけど、普段何をしていても、いざ緊急事態になって皆が困り果てていたら、目の色を変えて陣頭指揮を執り、重い決断をするのが、親分の器量ってもんじゃないでしょうか。

大臣やお役人に「俺が責任を持つから言うとおりにしろ！」と言ってやればいい。それから、皆の前に立ち「かならず感染者を減らしますから、これこれの期間は辛抱してください」と深々と頭を下げればいい。

いったい、何を恐れているのか。

怒られたっていいじゃないですか。叩かれたっていいじゃないですか。評価はいずれ歴史が決めてくれます。

役者風情が、偉そうなことを言いました。でも私たちだって、ぐっと堪えているんです。

'21年1月に公演予定だった梅沢劇団の『千住新春公演』も、あえなく3月に延期となりました。

皆さん意外とご存じないのですが、劇場は感染への対策が行き届いた場所です。「興行場法」という法律があり、その他の施設よりはるかに厳しい換気設備の設置が定められているのです。

それでも、比較的年配の方が多い梅沢劇団のお客さんのことを考えて、劇場は早い段階で延期を決めました。やむを得ない判断だったと思います。

おかげさまで、'20年11月の名古屋・御園座での舞台が大成功に終わり、ほかの劇場の関係者からも「ウチでも梅沢劇団の公演をやりたい」というお声をたくさんいただいています。しかしそれも、コロナ第三波のおかげでいつになるやら。

むろん、苦しいのは私たちだけじゃありません。

医療関係者はもちろん、町の飲み屋の親父も、銀座のオネーちゃんたちも、これを読んでくださっている皆さんも、世の中みんなが涙を呑んでいる。

「せめて、血の通った言葉をくれよ」

テレビの向こうで、うつろな目をしてボソボソと話すこの国の殿様に対して、私はつくづくそう思うのです。

久々に吠えたら疲れちゃったよ、まったく。

命の次に大切な「アレ」が大ピンチ！「タマタマ破裂寸前事件」

50年も舞台に立っていると、いろいろな事件が起こるものです。

舞台上で倒れたこともあるし、リハーサル中に花吹雪を散らす機械が天井から落ちてきて、危うく直撃しかけたこともある。

数々の危ない思い出のなかでも、私の脳裏に強烈に刻まれているのが、「タマタマ破裂寸前事件」です。

あれはまだ明治座が古い建物だった昭和の終わり頃のことです。お客さんにダイナミックな演出を楽しんでもらおうと、私の公演では「宙乗り」という演出を採り入れていました。

宙乗りとは、簡単に言えばワイヤーアクションのようなもの。天井から吊るされた私が、お客さんの頭上を所狭しと飛び回りながら踊る。ジャニーズも顔負けの「空中舞踊」です。

公演当日、舞踊ショーも終盤に差し掛かり、ついに一番の見せ場である宙乗りの場面を迎えました。

「蝶のように艶《あで》やかに舞う梅沢富美男を、とくとご覧ください！」

司会者の口上を合図に、ワイヤーをしっかりと巻きつけた私がゆったりと羽ばたくはずでした。

ところが、待てど暮らせど、身体が持ち上がらない。

——おい、どうなってんだよ……。

客席からの訝しげな視線に、私が焦り始めた次の瞬間でした。

「ギュイイイイイン！」

けたたましい音とともに、ワイヤーが急上昇。凄まじいスピードで天井付近まで引っ張り上げられました。

——やばい、故障だ！

想定外の動きに、自分でも血の気が引いていくのがわかります。

天井付近で止まったのも束の間、今度はワイヤーが逆回転、上昇の倍のスピードでギューンと急降下し始めました。

床をめがけて真っ逆さま。

──死ぬ、死ぬ、死ぬううううう。

眼前に迫りくる地面を見つめながら「もはや、これまで」と諦めかけたそのときです。

本当に床スレスレのところで、ワイヤーが動きを止め、九死に一生を得ました。

ところが、そこからまた急上昇。絶叫マシンのように急上昇、急降下を繰り返す私の姿に、お客さんは大騒ぎです。

最終的に天井付近でピタリと止まったのですが、ここで一計を案じたのが、当時座長を務めていた私の兄貴でした。

「皆さま、富美男考案のハラハラ・ドキドキ『スペクタクル演出』、いかがでしたでしょうか！　富美男は宙吊りのまま、皆さんをお見送りいたします！」

この一言で、お客さんも演出だと信じてくれたようです。割れんばかりの拍手が響き渡り、幕が降りていきます。

ところが、私がずっと天井に引っついてるもんだから、皆さんなかなか引き揚げてくれません。

──頼むから、早く帰ってくれぇ！

心で涙しながら、精一杯手を振ってお別れし、ようやく客席がはけました。

ところが、一難去って、また一難。大変だったのはここからです。

なにぶん古い劇場だったので、天井近くまで上って私を救出する術がなにも用意されていなかったのです。

宙ぶらりんにされて2時間が経過した頃でしょうか。突然、下半身にじんじんと激痛が走りました。恐る恐る手を伸ばし、愚息のあたりを触ってみると、タマタマがパンパンに腫れあがっているではありませんか。

あまりに長い時間吊るされていたので、下半身がうっ血してしまったのです。

突如ムスコに訪れた、命の危機。

「おーい、早く助けてくれ！」

必死の叫びが通じたか、ようやく太い竹の棒を立ててもらい、それをつたって自力で下まで降りることができました。

見ると、タマタマはまるで卵みたいな大きさに。破裂の一歩手前です。

――痛みに耐えてよく頑張った、感動した……。

暴れん棒で、家族に迷惑ばかりかけてきた愚息が、あのときほど誇らしく思えたことはありません。

その後、駆けつけたお医者さんに診てもらうと、「すぐに冷やしたほうがいい」とのこと。すると、看護師さんが断りもなしに私のタマをグッと摑むと、冷却剤を押しつけてきました。

「痛っ！」

恥ずかしいやら、痛いやら。

急に頭に血が上り、「おいてめぇ、きちんと断ってから触れよ！」と、女性相手に思わず声を荒らげてしまいました。

愚息は全治1ヵ月の重症。それからしばし、オネーちゃん遊びを控え、大人しくしていたのは言うまでもありません。

後に愚息は「尿管結石」という新たな難敵に遭遇するのですが、それはまた稿を改めて。

「俺、もしかしてがんなの？」舞台の上で倒れた日のこと

大きな病気もせずに70歳を迎えた私ですが、一度だけ、「俺、死ぬかも」と思ったことがあります。

あれは'03年、ウイルス性腸炎に罹り、舞台の上でぶっ倒れたときのことです。

朝からお腹の調子が悪く、しばらくすると、冷や汗が止まらなくなった。尾籠《びろう》な話ですが、腹部に激痛が走り、上からも下からも出るわ出るわ……。

便器から離れられず、熱も40度近い。

とはいえ、稽古不足も体調不良も、幕は待ってはくれません。全身の水分を絞り出し、薬を飲んで舞台に上りました。

朦朧とする意識のなか、どうにかこうにか芝居をこなし、踊りを踊り……。記憶はそこ

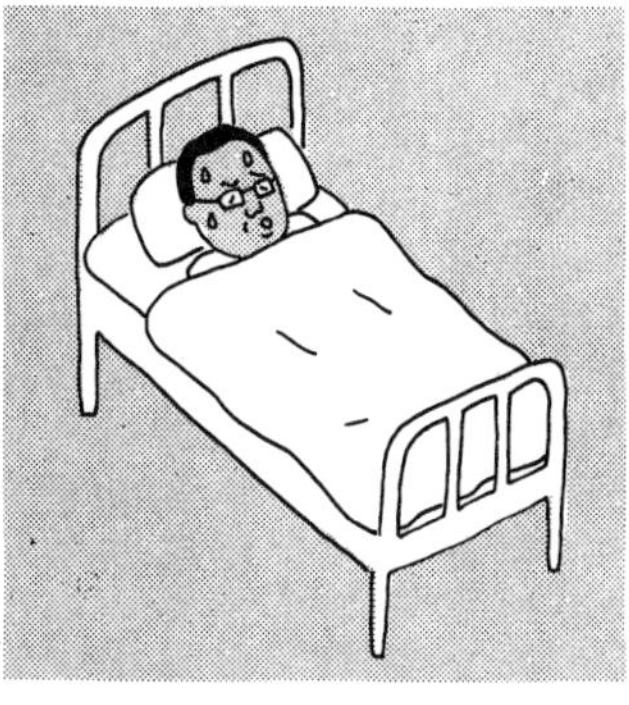

でふっと途切れます。

次に目を覚ましたとき、私は病院のベッドの上に横たわっていました。救急車で担ぎ込まれ、大騒ぎだったそうです。

外には、騒ぎを聞きつけたマスコミが押しかけているという。医者のはからいで、私は人目につきにくい産婦人科へ移送されました。

何を食べても戻してしまうので、スポーツドリンクを飲んで横になっているしかありません。でも、激しい痛みと絶え間ない便意で、ちっとも眠れない。

真夜中になり、ようやく頭がぼんやりとしてきて、まどろみかけたそのときです。

「ぎぃやあああああああ」

静まりかえった病棟に、凄まじい叫び声が響き渡ります。

——なんだなんだ、どうした？

聞けば、近くの病室でお産が始まったとか。とはいえ、こちらは急に担ぎ込まれてきた珍客。文句は言えません。

息を殺し、じっと耐えていたのですが、叫び声は一向に収まる気配がない。

「いやぁぁぁぁぁぁぁ」

「ゆっくり呼吸して〜、頑張って〜！」

「痛いっ、いだぃぃぃぃぃぃ」

絶叫に次ぐ絶叫、そして負けじと声を張る看護師さん。難産だったようで、叫び声の応酬は明け方まで続きました。

生命が芽吹く記念すべき瞬間。本来なら喜ばしい瞬間です。とはいえ、こっちは満身創痍。一緒に喜ぶ体力は一ミリも残っていない。

医者に泣きつき、ベッドを移してもらうことにしました。

次は、脳外科のフロアでした。術後安静の人が多く、静まり返っています。

——やっと、ゆっくり休めるぞ……。

安心すると同時に緩む肛門、こみ上げる便意。この病室には、簡易トイレが用意されていたのですが、ちょうど女性のマネージャーが来ていて、彼女の前でケツを晒すわけにもいきません。

廊下に出て、内股歩きで50m先にあるトイレへとにじり寄ります。

と、そのときでした。

「うわっ！」

廊下の床に、人がまるでゾンビのように這いつくばって、「あああああ」と唸っているではありませんか（後で聞いたら、リハビリの途中で転倒してしまったお年寄りでした）。

どうにかしてあげなきゃという焦りと、迫りくる強烈な便意、そして止まらない冷や汗。Ｍａｊｉで漏れちゃう５秒前、富美男、完全にパニック状態です。

ほうほうの体で用を足すと、電話でカミさんに泣きを入れました。

「かーちゃん、いますぐこの病院から俺を出してくれぇぇぇ」

いい年したおっさんが半べそになり、別の病院へと移してもらいました。

もっとも、山形での公演を控えていたため、そこも３日で無理やりに退院。水分という水分が抜け、体重は10kg近く落ちて、顔はすっかり土気色です。瀕死状態のまま、東北新幹線に飛び乗りました。

すると、反対側の席のおばちゃんたちが私のほうを見て、ぼそっと言うのです。

「かわいそうに、末期のがんなんですって。あんなに痩せて……」

全身に衝撃が走りました。

――そうか、この便意はがんの症状だったのか。みんな隠しやがって……。

この間、とても余裕がなくて新聞もテレビも見ていません。もしかしたら、「梅沢富美

男　末期がんで緊急搬送」なんてニュースが出ているのかもしれない。

あわてて、隣の席に座るマネージャーに詰め寄ります。

「おい、俺、本当はがんなんだろ?」

血眼の私に対し、彼女は「は?」と、鳩が豆鉄砲を食ったような顔をしている。しかし、このマネージャーは元女優。とぼけた演技なんて朝飯前ですから、信用なりません。カミさんに電話をかけて、「バカなこと言ってないで、お仕事に集中しなさい」と叱られ、ようやくホッとしました。

結局、おばちゃんたちの会話を私が勝手に早合点して、自分のことだと思い込んでいただけだったのですが、しばらくは生きた心地がしませんでした。

このエッセイを連載している『週刊現代』では「死ぬための教養」なんて特集をよく見かけますが、私にはまだまだ難しいお題のようです。

「いまさら会ってどうする！」生みの親を探す後輩を叱った

「舞台が踏めてよかったですねぇ」

あちこちの友人・知人から連絡をもらい、思わずジーンとしてしまいました。

'21年3月半ばから4日間、梅沢劇団は千住で2ヵ月遅れの『千住新春公演』を挙行したのです。

公演時間は多少短くなったものの、おかげさまで各回大入り満員。正月を華やかに彩りたいと、ウン千万をかけて用意していた衣装も、無事にお披露目することができました。

演目は、『芸者の意気地《いきじ》』という人情芝居です。主人公は、江戸きっての花街だった柳橋の人気芸者・菊次。彼女の許嫁《いいなずけ》である武士・主馬《かずま》に、大きな置屋の女将の一人娘が横恋慕するところから、てんやわんやの騒動が巻き起こります。

今回、主役の菊次と置屋の女将という大事な役どころを任せたのが、門戸《もんど》竜二、竜小太郎という2人のゲストです。

芸能界は、年齢関係なく皆がライバル。常々そう思っている私は、他の役者のことをめったに褒めませんが、この二人には大いに目をかけています。

竜は歌も踊りも達者だし、門戸に女形をやらせると、得も言えぬ華がある。年齢も50歳前後と脂が乗ってきて、私の後の大衆演劇を担う存在として期待しているのです。

役者の芝居には、それまで歩んできた人生が否応なしに滲み出るもの。この二人もなかなかに苦労をしてきている。

竜は生みの父の顔を知らず、若くして母親も失っています。天涯孤独の身の上で、歌手の舟木一夫さんを兄と慕いながら、役者の道を歩んできた男です。

そして、輪をかけて凄絶な人生を歩んできたのが門戸です。

彼が小学校5年生のとき、両親は5人のきょうだいを放り出して、どこかに消えてしまった。

彼らは児童養護施設に保護され、門戸は下の弟の面倒を見るため、小学校すらまともに通えなかったそうです。

高校を出て、一度はサラリーマンとして働いたものの、親の顔を一目見たいという気持ちは捨てきれなかった。

――有名になったら、父ちゃん母ちゃんが出てきてくれるかもしれない。

健気にもそう考えた門戸は、30歳手前でこの世界の門を叩いたのです。

その後、全国を回るうちに、父親とは再会できたものの、肝心の母親の行方はようとして知れない。

あるとき、テレビ番組で門戸の母親を探してくれることになりました。

門戸から相談を受けた私は、カメラの前で彼を叱りつけました。

「お前がいまさら会いに行って、何になるんだ！」

私だって、門戸の気持ちは痛いほどわかっているつもりです。でも、彼の親は、普通なら命に代えても守りたいと思う実の子供を、犬や猫みたいに捨てて出ていった人間です。もしいま、別の家庭を持って幸せに暮らしていたら、突然現れた門戸に、いい顔をするはずがない。

逆に、貧乏をして歩くのもままならないような姿になっていたら、やるせない気持ちになるだけです。いずれにしたって、門戸は深く傷つくことになる。気休めの言葉は、とても言えなかった。

結局、番組の力をもってしても、母親には会えませんでした。

偉大な劇作家・長谷川伸さんが書いた芝居に、『瞼《まぶた》の母』というのがあります。筋をご存じの方も多いかもしれませんが、主人公の博徒・番場の忠太郎は、幼い頃に自分を捨てた母親の消息を知り、居ても立ってもいられず、会いに行く。

ところが、裕福に暮らしていた実母のおはまは「息子は9つで死んだ」とウソをつき、頑なに忠太郎のことを息子だと認めようとはしません。

冷たい仕打ちに、忠太郎は泣きながらおはまのもとを飛び出す。

「瞼を合わせてジッと考えてりゃ、おっかさんのおもかげが浮かんでくる。逢いたくなったら眼をつぶろう」

そう言って、涙を拭うと、忠太郎はふたたび旅路に着く——。

門戸の境遇が忠太郎と重なって仕方なかった私は、番組の中で彼を諭しました。

「お前はこうして立派な役者になって、自分の力で幸せを摑んだんだ。それで十分じゃねえか……」

門戸がお世話になった施設の先生もこの放送を見ていて、後で「梅沢さん、よくぞ言ってくれました」と、褒めてくださったそうです。

劇団の舞台は3部構成で、2部では私とゲストが歌を披露します。門戸が歌ったのは「デラシネ」というオリジナルの曲でした。フランス語で、意味は「根無し草」。甘い歌声に、彼の覚悟が滲んでいるような気がしました。

忠太郎のように、たくましく生きていってくれればいい。そう願っています。

これも有名税？次から次へと現れる「ニセ梅沢」にご用心

最近、私のモノマネをしてくれる人が増えています。

山本高広くんに始まり、チョコレートプラネットの松尾駿くん、最近では、いまをときめく「日向坂46」のメンバー・渡邉美穂ちゃんから、「ライブで梅沢さんのマネをさせていただいてます！」なんて言われて、鼻の下を伸ばしたことも。

でも、こういう「モノマネ」とは別に、世の中には私の「ニセモノ」が結構な頻度で現れるのです。

毎年、私の事務所に、地方にあるお店から、立派なちゃんこ鍋セットが送られてきます。面識はないので、「お店の人が俺のファンなのかな」なんて不思議に思いつつ、美味しくいただいておりました。

あるとき、近くで劇団の公演があったので、お礼を兼ねてそのお店を訪ねたことがありました。

「梅沢さん、またいらしてくださったんですね！」。店の扉を開けるなり、ご主人が飛んで来ました。

「え、俺、こちらに来るのは初めてですよ。むしろ、いつもちゃんこを送ってもらってすみません」

私がそう言うと、向こうは怪訝な顔。

「何をおっしゃいます。こないだはサインまでしてくださったじゃないですか」

指差すほうを見上げると、たしかに荒々しい筆で「梅沢富美男」って書いてあるのですが、私の字とはだいぶ違う（笑）。

「いや多分、それニセモンですよ」

「ええっ！　立派なお着物も召されていたので、てっきり本物だと……」

「俺、普段は洋服しか着ませんよ」

まあ、私も化粧をすれば化けますが、素顔はフツーのオッサンですから、ソックリさんがいてもおかしくはない。しかし、サインまで残すとは太い野郎です。

結局、「ニセ梅沢」の正体はわからぬままですが、そこのお店は変わらずちゃんこ鍋セットを送ってくれます。

それから、昔、大阪は梅田のコマ劇場で公演をしたときも、ニセモノ絡みの騒動がありました。

「カンバン、俺たちに内緒で、大阪にオンナ囲ってたんですか!」

血相を変えて楽屋に駆け込んできたのは、私の当時のマネージャー。

聞けば、赤ちゃんを抱いた女の子が、「この子をパパに会わせたい」とロビーに訪ねてきているという。

「ぱ、パパだぁ!?」

たしかに、遊んだオネーちゃんのなかには大阪出身の子もいたかもしれない。しかし、シロウト相手に無責任に子供を作るほど、私もトンチキではありません。

身に覚えはないけれど、その娘に会って詳しい話を聞いてみることにしました。

楽屋にやってきたのは、20代半ばぐらいの目鼻立ちの整ったオネーちゃん。やっぱり、遊んだ覚えはありません。

彼女はコクリと頭を下げて座るなり、うつむいてなにも話そうとしません。恐る恐る、私のほうから口火を切りました。

「なあ、本当に俺の子なのかい？」

「そんな気が、するんです……」

「だけど、オネーちゃんと会うのは、今日が初めてだぜ。いったいどこで俺と会ったっていうんだい」

「大阪駅です。ほら、2年前に初めて会ったとき、ハンチング帽を目深にかぶっていたじゃあないですか……」

――おいおい、俺はハンチング帽なんてかぶったことねえぞ。

初っ端《しょばな》から雲行きが怪しいのです。

兼ねてから私のファンだったという彼女は、ホームで「私」の姿を見かけて、思い切って声を掛けたらしい。

「梅沢さん、ニヤリとして『よう気づいたのぅ。誰にも言うたらアカンでぇ』って、私の耳元で囁いてくれて……」

東京育ちの私が、そんなコテコテの方言を使うワケがないのですが、ともかく彼女は

「自称・梅沢」に誘われるがまま、一夜の関係を結び、別れてから妊娠に気がついたんだとか。

「かわいそうだけどさ、オネーちゃん、そいつに騙されちゃったんだよ」

「そうですか……」

両目からポロポロとこぼれ落ちた涙が、胸に抱いた赤ちゃんの顔を濡らすのを見ていると、不憫になってしまいました。

「もうそんなワケのわからない男に引っ掛かるなよ。これで、坊やにウマいもんでも食わせてやんな」

そう言って、万札の束を出して手に握らせると、オネーちゃんは深々とお辞儀をして、楽屋から去っていきました。

それからしばらくして、ことの顚末を劇団員に話すと、笑いながら「それ、サギじゃないですかねぇ」と言う。

「カンバンの女遊びを聞きつけて、カネを引っ張れると思ったんじゃないですか」

言われてみれば、あんなにあっさりと引き下がるのはおかしい。情にほだされたのが間違いだったのか……。

いまとなっては、真相は藪の中ですが、これも「有名税」ってヤツでしょうか。

どっからでもかかってこい！
梅沢VS週刊誌「ガチンコ三番勝負」

言い訳するにも、もうちょっと頭が使えないもんですかねぇ。

緊急事態宣言のまっただなかに、銀座のクラブをハシゴしていた政治家の話です。

やれ、陳情を受けていたとか、酒は一切飲んでないとか……。

「んなワケ、ねえだろうが」

神妙な顔で言い訳をする姿を見ながら、思わず笑ってしまいました。

世の中がこんな風になるまで、私もウン十年は銀座に通い続けていましたが、オネーちゃんのいる店で酒を飲まないヤツなんて、見たことがありません。

こんな子供じみた（子供に失礼か）ウソで切り抜けられると思っている時点で、世間を舐

め腐っています。人間、「自分は我慢してるのに、なんでアイツらだけ」っていう恨みが、一番根深いですからね。次の選挙が楽しみです。

それにしても、今回の一連の報道も発端は週刊誌。大したもんです。噂を聞きつけ、ずっと取材していたんでしょう。

かくいう私も、週刊誌にはたびたび直撃されています。

あれは「梅沢富美男ブーム再来!」なんて言われていた4年ほど前のこと。

その日は、芸能界で数少ない飲み仲間であるみのもんたさんと、銀座に繰り出していました。お気に入りのオネーちゃんに囲まれ、鼻の下は伸びっぱなし。とってもいい気分です。

ところが、ほろ酔いで店を出るなり、若い男が名刺を差し出してくる。

「『週刊○○』です。梅沢さん、お店で何をされていたんですか?」

きっと、「妻子がいるのに毎晩豪遊」みたいな記事を書きたかったんでしょう。

せっかくの気分に水を差されて、こちらもちょっと語気が荒くなります。

「高いカネを払って、オネーちゃんのケツを触りに来たに決まってんだろ。いちいちくだらねえこと聞くんじゃねえ!」

あまりにあっけらかんと言うもんだから、向こうは拍子抜けした様子。

「店の外で待ってないで、お前も中に入ってこいよ。オネーちゃんの手を握ってる写真を撮らせてやるから。それを載っければいいじゃない」

「いえ、そこまでは……」

記者はすっかりタジタジになって、退散していきました。

そもそも、あの手の記事は、「ふだん清廉潔白なイメージをウリにしているヤツが、陰ではこんなことやってますよ」っていう、意外性が面白いわけでしょう。グルメ通の芸人しかり、「イクメンキャラ」だった水泳選手しかり。

その点、私はほうぼうで「オネーちゃんと遊びまくり」「累計浮気回数80回」と公言している。世間の驚きゼロ。ニュースバリューもゼロ。

――なんで俺なんか追っかけるのかねぇ。

首をかしげること頻《しき》りです。

とはいえ、人の噂というのは面白いもので、あるときなんか、とある女性週刊誌の記者が家までやってきて、「梅沢さん、借金が700億円あるって本当ですか」と、聞いてきたこともありました。

700億、鼻で笑っちゃいました。常識的に考えて、役者風情に銀行がそんな金額を貸してくれるワケがないでしょう。こちとら、家を建てるのにカネ借りるのも大変だったんだから。そんなに貸してくれるところがあるのなら、誰か紹介してくれよって話です。

噂っていうのは尾ひれがつくもんですね。

そういえば、公演期間中に劇場の出入り口で直撃されたこともありました。遠くから眺めていると、スーツを着た女の子が寒いなかじっと待っている。ウチの娘たちとそう変わらない年頃です。

きっとデスクから「梅沢のところへ行ってこい！」と言われたんでしょう。ちょいと不憫に思って、「なにか聞きたいことがあるのかい」って、こちらから声をかけてやりました。

そしたら、「梅沢さん、CM出演が決まりかけているって本当ですか」って。

確かにその頃、再ブレイクの波に乗って、二十数年ぶりにCMのオファーが舞い込んでいました。なかなかの早耳です。でも、仕事が正式に決まる前に週刊誌にペラペラと喋ったら仁義にもとります。

それで、「俺みたいな奴を使うわけねぇだろ。態度も悪いし、スポンサーが嫌がるんじゃねえかな。週刊××のCMにも使ってくれよ」って軽口を叩いたんです。話がとれてホッとしたのか、女の子はニコニコしながら帰っていきました。

するとその翌週。

「梅沢富美男、本人を直撃！」という見出しで、「CM出演を懇願」と一字一句がそのまま掲載されていた（笑）。記事のシメにふさわしいコメント。我ながら、いい仕事をしました。

しかし、直撃慣れしている私も、まさかこうして週刊誌で自分の連載を持ち、それが一冊の本になる日が来るとは、思ってもみなかった。これこそビックリです。

人生、何が起きるかわかんねえなぁ。

知らざぁ、言って聞かせやしょう。芝居とは切っても切れない「刺青」の話

東京オリンピックの中継で、欧米の選手を見ていて感じるのが、腕にタトゥー（刺青《いれずみ》）を入れている人の多さ。聞けばアメリカの若者の2人に一人は刺青を入れているそうで、だいぶポピュラーな文化のようです。でも、日本人の目から見ると、やはりギョッとしてしまうものがある。これが、文化の違いというやつでしょう。

一概に刺青と言いますが、江戸時代には同じ紋々でも「入れ墨」と「彫り物」という区別があったのはご存じでしょうか。

入れ墨は、幕府や藩が罪人を管理するために「負の刻印」として彫ったもの。一方の彫

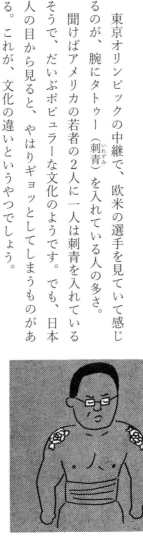

り物は、ヤクザや博徒、火消したちが「粋」を競うために、自ら進んで彫ったものです。

いずれにせよ、市井の生活からはだいぶ離れた人々が背負っていたものだから、日本では自然と刺青を忌避するような空気が生まれたのでしょう。

とはいえ、「赤城の山も今宵かぎり」でおなじみの国定忠治を筆頭に、刺青を背負った博徒は人情芝居に欠かせない存在。

梅沢劇団恒例の『女団七』という演目にも、刺青が重要な役割を果たす場面があります。

主人公は曲がったことが大嫌いな任侠の男。仁義にもとる欲深い義父を刀で殺めてしまう一番の見せ場で、団七の着物が大胆にはだけ、背中に背負った唐獅子牡丹の刺青が鮮やかに浮かび上がります。

団七の煮えたぎるような怒りを墨で表現するわけですが、もちろん本当に彫るわけにはいきませんので、長らく絵を描いた肉襦袢を使っていました。

ところが、着込んでいるのは客席にバレバレで、どうも興が削がれてしまう。

そこで、私が新たに考案したのが、「刺青入りレオタード」でした。

肌色の薄い生地でできていて、素肌にピタッとフィットするので、間近で見ても本物そっくり。汗で身体に張り付き、脱ぐときに一苦労なのが玉にキズですが、劇場に見に来ていただければ、そのリアルさに驚くこと請け合いです。

刺青と言えば、以前出演したVシネマの現場でも思い出深い話がありました。哀川翔さんが主演する『修羅がゆく9』という作品です。

私は小樽をシマにする暴力団の幹部役で、「白鬼」とあだ名される武闘派。自ら鉄砲玉となって敵対組織の事務所に乗り込むも、あと一歩というところで凶弾に倒れ、無念の死を遂げてしまいます。

亡骸となった私を前に、大勢の舎弟たちが泣き崩れるという大事な場面を撮影したのですが、上半身裸になった私の身体にはお絵かきが一つもありません。

白鬼とまで呼ばれたヤクザの身体に紋々がないのは、さすがに違和感がある。

「監督、ここは刺青のメイクをしたほうがいいんじゃないですか」

提案したものの、向こうは困り顔です。

「予算の関係で厳しくて……」

確かに、専門のメイクさんを呼んで刺青のメイクを施すのには、何十万というおカネがかかります。少ない予算で撮影するVシネマの現場には、そんなおカネはなかったのです。

とはいえ、私も憑依型の役者なので、刺青なしではどうも気分が乗ってこない。

――うーん、どうしたもんかな。

ヤクザ姿のまま、監督たちと唸っていると、一人の救世主があらわれました。

「刺青なら、マジックで描けますよ！」

声をかけてくれたのは、俳優に銃の扱い方を指導していた男性スタッフでした。

なんと、彼は舞台アートや衣装の世界的大家である辻村寿三郎さんに師事し、刺青の描き方のイロハを学んだことがあるというのです。

もっとも、彼に頼んだら、追加のギャラが発生してしまう。そこで白羽の矢が立ったのが、お絵かきが上手なウチの女性マネージャーでした。

「赤、青、緑、黒の4本の油性マーカーとベビーパウダーを買ってきてください」

彼に言われるがまま道具を用意し、黙々と私の背中に絵を描くマネージャー。

――油性ペンなんかで、本当に紋々が描けるのかよ……。

半信半疑だったのですが、仕上がりを鏡で見て驚きました。

深紅に染まった牡丹が上半身いっぱいに描かれていて、本物にしか見えません。

もちろん、マネージャーの絵が達者なこともありますが、それ以上に肌に馴染んで、少し色が霞んでいる感じが、いかにも年季の入った刺青の風情なのです。

「マジックのインクを何重にも重ねて、指でこすってぼかす。そして最後にベビーパウダーをポンポンと叩いてやる。これが寿三郎先生の技なんです」

そう言って、ニッコリと微笑むスタッフさん。日本の舞台美術が培ってきた技には、つくづく驚かされます。

「役者は顔で笑って、心で泣くもんだ」亡き母の教えと心意気

毎年お盆の時期を迎えると、亡くなったおふくろのことを思い出します。彼女が死んだのは'99年。85歳のときでした。

当時50歳手前だった私も、いまや古希を迎え、彼女が身罷《みまか》った年齢に一歩ずつ近づいている。時の流れの早さを感じずにはいられません。

舞台女優だったおふくろは、芸名を竹沢龍千代といいました。15歳で娘歌舞伎に入門し、26歳で剣劇役者だった親父と結婚。その生涯を通じて、舞台に生きた人でした。

「夢を売るのが役者の商売だから、借金してでも贅沢するんだよ」

「遊んでないヤツに色気のある芝居はできない。飲む、打つ、買う。全部やりな」

こうした心構えは、ぜんぶおふくろから教わりました。いまならきっと、「とんでもない親だ」と非難されることでしょう。私自身もそう思います。

でも、親というより「芸事の師匠」として、彼女が教えてくれたことはみんな正しかったと信じています。

そして、彼女はとても勁《つよ》い人でした。

「どんなに悲しいことがあっても、役者は顔で笑って、心で泣くもんだ。トンちゃん、私が死んでも、泣いたりしないで頂戴よ」

ことあるごとにそう言っていたおふくろは、親父に先立たれたときも涙ひとつ見せませんでした。

「役者ってのは、親の死に目に会えない商売なんだ」

臨終に間に合わず、親父の軀《むくろ》にすがって泣く私の肩に手を置いて、寂しそうにつぶやいたおふくろの声を、私はいまでも覚えています。

そういう人でしたから、自分が年老いてからも、やれどこが痛いだのと弱音をこぼすこともなく過ごしていましたが、たった一度だけ、遺言めいたことをつぶやいたことがありました。

「一回でいいから、明治座の舞台に立ってから死にたいねぇ」

歌舞伎役者の聖地が歌舞伎座なら、我々大衆演劇の殿堂は明治座です。剣劇から身を立てた母にとって、明治座こそが最高の檜舞台でした。

——この夢だけは、なんとしてでも叶えてやりてぇなあ。

芝居に邁進した私は、それから数年後、ついに念願の明治座公演を果たします。しかも、チケットは札止め完売。すっかり足腰の弱っていたおふくろも、満面の笑みで舞台を踏みしめました。

そして、千秋楽の日。万雷の拍手のなかで花道を歩いたおふくろは、私のほうを振り向いて、静かに微笑みました。

「おまえを産んで、本当によかった」

苦労して苦労して、ついにたどり着いた憧れの舞台。夢を叶えたおふくろの姿に、私もこみあげるものがありました。

ここでおふくろが亡くなっていればちょっとしたドラマですが、意外にしぶとく、それから20年も長生きしました。

そして死に際にも、忘れがたい記憶を残していったのです。

'99年の7月8日、蒸し暑い日。私は九州の劇場で公演中でした。

いつも、開演前には集中して役に入り込むのですが、その日は開演の10分前になっても、いっこうに身体に力が入らない。メイクすらできません。

――いったい、どうしちまったんだ。

自分でも何がなんだかわからないまま呆然としていると、突然、脳裏におふくろの声が響きました。

「トンちゃん、トンちゃん」

当時、おふくろは入院していて、楽屋に姿はありません。

――まさか！

私は、スピリチュアルなことは一切信じない質《たち》です。しかし、このときばかりはハッとして、カミさんのもとに電話をかけました。

受話器の向こうで、すすり泣く声が聞こえます。

「なんでわかったの？　たったいま、お母さんが……」

「やっぱり、そうか」

――俺はまた、親の死に目に間に合わなかったか。

やりきれない気持ちで立ち尽くしていると、そばにいた妹が言いました。

「最後にさよならをしていくなんて、やっぱり母ちゃんは、あんちゃんのことが大好きだったんだねぇ……。ズルいなぁ」

その一言で、ハッと目が覚めました。

どんなときだって、笑顔で舞台に立つ――。

役者・竹沢龍千代との約束を守るべく、私は涙をぐっとこらえて、拍手の中へと飛び出していきました。

あの日から20年以上。私はいまも変わることなく、全国各地の大劇場の舞台に立ち続けています。

――おふくろ、見ているかい。俺はまだまだ頑張ってるよ。

幕が上がる前、時折まぶたを閉じてそっとつぶやく私を、天国のおふくろは褒めてくれるでしょうか。

「風」の章

みんながみんな、「よそ行き」の言葉で喋る世の中への「違和感」

最近つくづく考えるんですが、「大人」って、なんでしょうね。

「あのくらいで怒るなんて、梅沢富美男マジで大人げない」

ツイッターをはじめとしたSNSで、私はよくそういうふうに言われます。

たとえば、コンビニのレジの「年齢確認ボタン」にモノを申したというエピソードを披露したとき。

コンビニで酒やタバコを買うと、店員さんから「年齢確認をお願いします」と「YES」か「NO」のボタンを押すように言われますよね。

私はあれを尋ねられるたびに、「このジジイのどこが未成年に見えるんだ」と、内心

苦々しく思っていたのです。

これが童顔のお姉ちゃんだというなら話は別ですが、私みたいに、どう見ても立派なオッサンの客だったら、変なことを聞かず、店員のほうで勝手に押せるようにすればいいじゃないですか。

ところが、テレビでそんな主張をしたら、次の日のＳＮＳは批判の雨アラレ。〈黙って押せばいいのに、大人げない〉〈少しぐらい我慢できないのか〉〈ザ・老害〉……。大炎上でした。

それから、「ハンバーガー屋事件」というのもあります。

あるとき、舞台稽古中の若い役者たちに差し入れをしようと思い、マネージャーとハンバーガーショップに行って、バーガー40個とコーラ40杯を注文したんです。

そうしたら、こちらを一瞥した店員さんが、「店内でお召し上がりですか？」とすまし顔。

ハンバーガー、40個ですよ？

つい「俺がそんなに食うように見えるか！」と言ってしまいました。

どちらの店員さんもマニュアル通りに接客しているだけで、別に他意はない。私も、それはよくわかっています。

でも、客商売なんだから、ほんの少し血の通った機転を利かせたって罰は当たらないじゃないですか。

違和感を覚えても、何も言わずに受け流すのが大人の態度。そんなふうに思う人も、きっといるでしょう。もちろん、年長者が上下関係をカサに着て、ワガママを通すような振る舞いが流行る時代ではありません。

しかし、「それって、おかしいんじゃないの?」と感じた場面では、相手に意思表示し、言葉にして伝えることこそ「ほんとうの大人」の役割ではないか。それをしないから、マニュアルばかりがどんどん幅を利かせる世の中になってしまった。私はそう思うのです。

「大人の態度」という響きのいいオブラートに包まれた「事なかれ主義」。そういう姿勢が、もっともまかり通っているのは、テレビの世界でしょう。

最近はSNSで叩かれたらすぐ、企画を変更したり、場合によっては番組ごと打ち切りになってしまったりする。テレビの現場はいま、出演しているこっちが呆れてしまうほど過敏になっています。

その象徴が、「放送禁止用語」です。

思い出すのは、2年ほど前に昼のワイドショーに呼ばれたときのこと。当時大ブレイクしていた、歌謡グループ「純烈」が紅白出場を決め、それについてコメントを求められました。

地方の健康センターを回って歌い続け、やっと念願を叶えた彼らの姿を見ていると、どうしても昔の自分に重なってくるものがあります。

いろいろな感情がこみ上げてきて、

「良かったなあ、きっと『温泉で歌っている』なんて、笑われたこともあったろう。俺も昔は『乞食役者』『三文役者』なんてバカにされてさぁ……」

と、しみじみ言ったんです。

そうしたら、それを聞いた司会のアナウンサーが「ただいま不適切な発言がありました」と、勝手に謝りやがった。

そりゃあないでしょう。「乞食」という言葉がいけないというのでしょうが、私は我が身を振り返り、こういう商売の人間じゃなければわからない辛さ、悔しさを伝えたかっただけ。

他人様を指して、乞食と嗤《わら》ったわけではありません。いったいどこの誰が傷ついたというのか。見ていた方にも、それはしっかり伝わったと思います。

「二度と出るか、バカ野郎！」

啖呵を切って、この番組とは縁を切りました。

四角四面なルールで臭いものにフタをして、みんながみんな「よそ行き」の言葉で喋る。そんな世の中のほうが、よっぽど意地が悪いじゃないですか。

だから私は、この連載でも言いたいことを言い続けます。

打ち切り上等だ、コノヤロー！

この世界、一度天狗になってしまえば、そこでお終いです

「いい大人がいい加減にしろよ！」

不肖梅沢、またしてもワイドショーで吠えてしまいました。

先日、有名イケメン俳優が大麻所持で捕まった直後の番組でのことです。

身長１８０cmの二枚目で、芸術大学を卒業、若いうちからドラマや映画に引っ張りダコ。天に二物を与えられ、順風満帆な人生を歩んできた人間が、世の中をナメ切って捕まる。情けない話です。

彼が捕まって、いったいどれほどの関係者が迷惑を被るか。所属事務所、映画会社、テレビ局……多くの仕事関係者が、対応に追われています。

スポットライトを浴びる人間の足許には、たくさんの縁の下の力持ちがいる。その自覚がない人間は、世間様にツラを見せて食べる商売をしてはいけない。私はそう思うのです。

しかし世の中わからないもんで、「才能はあるから、罪を償ってふたたび戻って来てほしい」なんて言う業界人がいる。

芸能界は本当にクスリに甘いですよね。「それも芸の肥やし」とかなんとか言う。フザけた話です。

会社員がクスリで捕まれば速攻でクビなんですから、道理に則《のっと》って、芸能人も業界から永久追放すべき。影響力を考えたら、当然の話です。

私がここまで言い切れるのも、売れてからこの方、世間様に顔向けできないようなことは一切していないからです。

一番の趣味はゴルフですが、握るようなヤツとは絶対に回らない。売れてからは、雀《ジャン》卓《たく》を囲んだこともない。酒だって、自分で稼いだカネで飲みますから、「タニマチ」にご馳走になる必要もありません。

がらっぱちな印象があるかもしれませんが、そういう自分の決まりごとは頑なに貫いてきたんです。

それはひとえに、若い頃から小さな劇場でどん底を見て、「積み上げてきたものを二度と失いたくない」と思っているから。大きな事務所に所属したこともなく、バカにされて、人知れず涙を拭った経験が山ほどあります。

忘れられないのが、ある大劇場で初めて芝居をやったときのこと。

気合を入れて用意していた台本には、「夜の川町」の場面と書いておいたのに、劇場が用意した舞台を見ると、どう見ても「昼の川町」の光景なんです。

「こんなの、お客さんに見せらんねえよ」

抗議をしても、暖簾に腕押し。

いまから思えば、「三文芝居に、昼も夜も関係ないだろう」と、ナメられていたのでしょう。あれは、涙が出るほど悔しかった。お前ら、歌舞伎役者を相手にしても、同じことができるのか、と。

こんな経験ばっかりで、ドラマや歌をきっかけに一気に売れたのは30歳を過ぎてから。だから、私は「天狗になる」という感覚を知らずにやってきました。

芸能界は本当に怖い世界です。一度売れると、周りの人間が大きく変わっていく。いままで、さんざん無礼な態度をとっていたヤツが、急にニコニコしはじめる。口をきいたこともない連中が、揉み手しながら近寄ってくる。

「君はいつかやると思っていたよ」とか「さすがです」とか言いながら。

誰しも最初は警戒するんです。でも、だんだん気持ちがよくなって、さも自分が一角《ひとかど》の人物になったかのように思い込むようになる。こうして、人は鼻を伸ばして、天狗へと変わっていくのです。

自信に溢れたときほど、ワキが甘くなるのが世の常です。つけ込もうとする怪しげな人間に絡め捕られ、人生が狂ってしまった同業者を、何人も見てきました。

そういえばこないだ、お年寄りに怪しい治療機器を売りつけるマルチ商法の親玉が逮捕されましたね。

聞けば、いい歳をした有名なジャーナリストたちが、こぞってそこの会社の懇親会に参加し、「広告塔」になっていた。

「そんな団体とは知らなかった」なんて、何をバカなことを言っているのか。パソコン叩いてちょっくら調べれば、簡単に怪しいとわかる話じゃないですか。

私のところにも、そういうキナ臭い話が転がり込んでくることが時折あります。

「有名ホテルの宴会場を借り切って新事業立ち上げパーティをやるので、ぜひとも出席してくれませんか」とか「パンフレットに写真を使わせてください」とか。

それだけで、結構な金額を提示してくる。普通に考えたら、なにかウラがあるに決まっているんです。

でも、天狗になってしまうと、そんな当たり前のことにも気がつけず、ホイホイと乗っかってしまう。一度絡め捕られてしまえば最後、人は簡単に坂道を転げ落ちていきます。

私は、舞台の上で人生をまっとうしたい。だからこそ、人様に言えないようなことはしたくないんです。

ん、女性関係はどうなんだって？　そ、それはまた別の話ということで……。

バラエティは戦争だ！　オンエアで映してもらうための「技術」

「そんな話、ほかで話したら誰も拾ってくんねぇぞ」

先日、『踊る！さんま御殿!!』（日本テレビ系）の収録で、新ドラマの告知にやってきた俳優のお兄ちゃんにこう言ってやりました。

せっかく、さんまさんに話を振ってもらったのにオチも山もないような話を始めたもんだから、「俺がトークってモノを教えてやるよ」と延々と説教を垂れてやったのです。

そこにさんまさんも乗っかって、現場は大ウケ。してやったりでした。

ところがオンエアの日、ネット上では「梅沢のつまらない説教で変な空気になった」とか「おっさんウルセー」と私への不平不満のオンパレード。

きっと、お気に入りの俳優が私にイジめられたと思い、腹を立てたのでしょう。

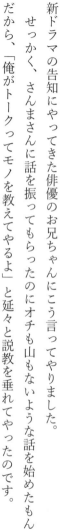

——みんな、すっかり真に受けてくれちゃって。

またしても、してやったりでした。

だって、何の恨みもない彼に、私が本気でキレているわけないじゃないですか。あれは、あくまで「フリ」です。

延々と撮影したバラエティの収録でも、オンエアに残してもらえるのは面白い絡みがあるごく一部です。目立たない話はことごとくカットされてしまいます。

でも、ゲストとして呼ばれている彼には、できるだけ華を持たせなきゃいけない。だから、とっさに「ウルサイ老害に絡まれる気の毒なイケメン」というアングルを作りだしたのです。

結果、思ったとおりに長尺で使ってもらえたんだから、思惑通りのアシストでした。ネットで話題になるのも全部計算のうち。ダテに毎日テレビに出ていません。

私は、自分が絶えず番組に呼んでもらえる理由は2つあると思っています。1つは、市井の人が言いたくても言えないことをデカい声で代弁しているから。もう1つが、この「老害芸」です。

「あのおっさん、また面倒くさいこと言ってる」とか「梅沢、またゴネてるのか」という

「お約束」をしっかり演じることで、お茶の間にカラッと笑ってもらう。

こうやって「いま、お客さんは俺のことをどう見てるのか」というのを常に気にしてしまうのは、舞台役者の性《さが》です。

劇場にはその日その日で違う空気が流れています。同じ演目をやろうとも、客層や場所が違えば、ウケる話題も変わる。ダメならさっさと別のことを試す。お客さんに満足して帰ってもらうためには、そういう瞬発力が必要なのです。

もちろん、失敗もたくさんしてきました。よく覚えているのは、私の母がまだ存命だった頃のこと。実話をもとにした『吉原百人斬り』という演目を披露した際のことです。

江戸の半ば、佐野次郎左衛門という豪農がおりました。彼は吉原で一番の人気を誇る花《おい》魁《らん》・八ツ橋に一目惚れし、彼女を手に入れようと大金を注ぎ込みます。

ところが、だんだんとカネが続かなくなると、あっという間に相手にしてもらえなくなる。逆上した次郎左衛門は、手にした刀で遊女たちをバッタバッタと斬り捨てて、しまいには八ツ橋まで手にかけてしまう。

カネの切れ目は縁の切れ目、恋の遺恨は何より恐ろし。人間の本質をズバッと描いた芝居です。

この舞台で、私は花魁・八ツ橋とその恋人、栄之丞の一人二役に挑戦しました。満開の桜の下、次郎左衛門の刀を受けてふらふらとよろめく八ツ橋。そこに栄之丞が駆けつける。そんなシーンを盛り上げるにあたり、私は早着替えを組み込むことにしました。

桜の木の裏にサッと身を隠すと、花魁の着物を脱ぎ捨て、黒子に鬘《かつら》を替えてもらい、刀を帯びて颯爽と現れる。その間、わずか3秒。

F1のピットインばりの早業です。

——どうだ、大したもんだろう。

得意満面、栄之丞の姿で飛び出した私は、お客さんからの割れんばかりの拍手を期待していました。

ところが、客席はシーンとしたままで何の反応もない。皆さん、キョトンとしています。

——え、なんで?

釈然としないまま舞台を降りると、母が呆れ顔で待っていました。

「アンタ、早替わりっていうのは間が大事なんだ。お客さんに『梅沢、どこいっちゃったんだろう』って考える暇を与えてあげなきゃ、だれも気づいちゃくれない。あれじゃ何の意味もないんだよ」

頭をぶん殴られたような衝撃でした。

私たちは芸術家じゃありません。どんなに立派な技でも、お客さんに理解してもらえなかったら、それはただの自己満足。思い上がりです。

――この世界は、ウケてなんぼの商売。

肝に銘じた瞬間でもありました。

というわけで、炎上上等。私はこれからも「老害街道」を突き進む所存です。

永田町が騒がしい秋。「決められないリーダー」はもうコリゴリです

「梅沢さんよ、政治家特有の目つきってのがあるのを知っているかい?」

あるとき、私の芝居を贔屓《ひいき》にしてくださっている野末陳平さんと話していると、そんなことを言われました。

「へえ、それはいったい、どんな目つきですか」

「なんというか、目ン玉がどこか遠くの宙を見据えて、ぜんぜん動かないんだよ。たぶん、本当はどこも見ていない。アレができるようになったら、骨の髄まで政治家だよ」

目は口ほどに物を言い。本当に、目だけはごまかしがききません。相手の目をしっかり見ながら本心を隠し続けるというのは、そうとうな芸当です。

でも、たいていはそれができずに目が泳いでしまう。だから、どこを見ているかわからない目つきになるのでしょう。

この国の総理大臣は、まさにこの陳平さんの言葉を体現したような目をした人です。どこを見ているのかわからない。叩き上げで苦労もしてきたんでしょうが、最後まで「座長の器」ではなかったように思います。

その殿様が、次の自民党総裁選に出ないことを表明し、永田町がにわかに騒がしくなってきました。やれ総裁選だ、やれ総選挙だとなって、与党も野党も政治家たちがにわかに活気づいています。

——そんな元気があるなら、もっと命がけでコロナ対策に取り組んで欲しかった！

これは、読者の皆さんも感じているところではないでしょうか。

この1年半ほど、政治家たちの所業で、なにかひとつでも「よくやってくれた！」と、快哉を叫びたくなるようなものがあったでしょうか。

ワクチンの手配は後手にまわり、緊急事態宣言はダラダラと延長の繰り返し。経済再生大臣は「協力しない飲食店にはカネを貸すな」とのたまい、五輪担当大臣は、銀座でブラブラしていたIOCの会長について、「（外出するかどうかは）ご本人が判断すべきもの」なんて言って、涼しい顔をしている。酷いもんです。

腹をくくって決めることができないトップと、顔色ばかりうかがい、思い切った進言をすることができない取り巻きたち。

このコロナ禍に唯一の光明があったとすれば、政治家がいかに頼りなく、自分の身は自分で守らなければいけないということに、皆が気づいたことでしょう。

コロナの症状が悪化しても、ベッドが足りないから入院できない人がたくさんいる。治療が受けられず、自宅で苦しみながら亡くなっていった人たちのことを考えると、思わず涙が出てきます（それにしても、「総理には感謝しかない」なんて言って、突然泣き出した環境大臣にはビックリしました。あの人は、大きな目でしっかりと人の目を捉えて話しているように見せかけて、実際は「自分がカメラにどう映っているか」しか考えていない。あんな茶番、見せられているほうはどっちらけです）。

しかし、「大事なところで決断できないリーダーが増えている」のは、どうも政治に限ったことではなさそうです。

たとえば、先般のオリンピックの開会式・閉会式の演出。あれも、「決められない症候群」の産物のように感じました。

脈絡のないダンスやら芝居やらが繰り返され、どこが山場なのか、何を伝えたいのか、さっぱりわからなかった。

観終えたあとで、心に残るものがなにもありません。

きっと、全体の方向性を見極められる人がおらず、ほうぼうからの意見を詰め込んだ結果、一貫したテーマがまるで感じられないものに仕上がったのでしょう。

もちろん、演者の一人ひとりのパフォーマンスには見るべき点もありました。やっぱり、開会式の市川海老蔵さんの表情、そして見得は素晴らしかった。

ドサ回りの劇団に生まれた人間にとって、門閥制度は親の敵。歌舞伎役者を褒めるのはあまり好きではない。それでも、あの面構えは市川家の血筋だからこそ出せる唯一無二のものだと思います。

ところが、せっかく十八番の『暫《しばらく》』の一幕をやるというのに、伴奏がジャズピアノというのにはズッコケてしまいました。

料理にたとえれば、最高の昆布でとった出汁に、高級キャビアをぶち込んで食べるようなもの。伝統をアレンジすることと、安易に奇をてらうことは違う。そこは和楽器でやるべきでしょう。

案の定、踊りも演奏も一流どころというのに、まるで調和せず。インパクトの薄い演《だ》し物《もの》に仕上がっていました。

プロデュースするほうも、リハーサルの段階で「あれ、これはちょっと違うんじゃないか」と気づいたと思うんです。誰がどう見てもイマイチなんですから。

でも、「王道に戻す」という決断はできなかった。せっかくの素材が台無しです。

リーダーの仕事は決めること、そして責任をとること。

私も劇団の座長として、あらためて学んだ次第です。

つかず離れず、お互いさま。熟年夫婦円満の「秘訣」はコレだ！

前の章で、これまで数々の週刊誌に直撃されてきた話を書きましたが、もう一つ思い出しました。
数年前に、とあるバラエティ番組に出演したときのことです。トークのお題は「もし神様がいたら、どんな願い事をしたいか」。なにか気の利いたことを言わなきゃいけないと考え、とっさに口を突いてでたのが「思う存分遊びたいから、独身にしてください」という一言。
むろん冗談ですが、スタジオは大爆笑。私としては、してやったりです。
ところが数日後、家にいると「あなた、テレビで何を言ったの？」とカミさんが血相を変えて詰め寄ってきた。

ふだん、私がどんな放言をしようがお構いなしのカミさんなのに、いったいどうしたのか。

話を聞いてみると、どこかの週刊誌が突然押しかけてきたらしい。

「夫婦関係が冷え込んでいるんですか」

「梅沢さんとは離婚秒読みなんですか」

わけのわからぬまま、記者から矢継ぎ早に質問を浴びせられ、すっかり参ってしまったようです。

講釈師、見てきたようなウソをつき。バラエティでの発言なんて、十中八九、瞬発力勝負のアドリブなんだから、真に受けて聞きにくるなっての(笑)。

まあしかし、この連載もふくめ、あちこちで「浮気話」を十八番《おはこ》のように披露していると、「梅沢さんの奥さんは本当に立派な方ですね」とほうぼうから言われます。

おっしゃるとおり、我ながら本当にできたカミさんをもらったと思います。

もともとバツイチで、異性にだらしない自覚のある私は、「俺みたいな男は、一生独身を貫いたほうがいいんだろうな」と思い込んでいました。

それが30代後半で再婚し、大きな危機もなくやってこられたのは、おおらかな彼女の性格があってこそ。

いつも財布には100万円の束を入れ、宵越しのカネは持たない。役者一座の家に生まれて、長いこと「ドンブリ勘定」でやってきた私のカネまわりを、きちんと整理してくれたのも彼女です。

お恥ずかしい話ながら、彼女に教えてもらうまで、年金や社会保険を毎月自分がいくら払っているのかさえ、ロクに知らなかった。

それでいて、私の仕事の中身について、余計な口出しはまったくしてきません。いろんなところで女将さんがしゃしゃり出てきたら、劇団員も何かと気を遣います。そういうことも、ちゃんとわきまえているのです。

前にも書きましたが、建設業で身を立てたカミさんの親父さんは、私に負けず劣らずの遊び人。彼女は父親に言われて、お妾さんたちに「お手当」を渡してまわっていました。どうりで万事心得ているはずです。

もちろん夫婦なんて、もとをたどれば赤の他人。これだけ長い間一緒に生活していれば、好みが合わない部分なんて、山ほどあります。

「植物療法士」という資格を持っているカミさんは、ハーブやらアロマやらで体の免疫力を高めるセラピーの学校を運営しているのですが、私としてはチンプンカンプン。

家にもアロマセラピー専用の部屋がありますが、私は「臭えなぁ」としか感じないので、いっさい近寄らない。風水にも凝っていますが、私は運とか神頼みの類いは信じていないので、内心では「なにやってんだか（笑）」と思っています。

でも、そこは「お好きにどうぞ」という感じ。それは彼女も然《しか》りで、ゴルフとか競馬とか、私の趣味にうるさく口をはさんでくることはありません。

カミさんは私のことを何かと立ててくれるし、私は私で、彼女にはいつも感謝している。極端な話、彼女を守るためならなんでもする覚悟は決まっています。

お互い、そういう敬意がいつも心の底にあるので、あとのことは「お互い好きにすればいいじゃない」と思えるのでしょう（だからって、浮気は許されない？　それは、娘たちにもよく怒られます）。

「つかず離れず、お互いさま」。これこそが、長い人生を添い遂げる秘訣ではないか。70を過ぎて、しみじみそう思います。

カミさんも手慣れたもんで、『熟年離婚、したくなければズボラ婚。』なんて、とんでもないタイトルの本まで出してやがる。帯に書かれたコピーは「日本一の浮気夫　梅沢富美男の妻が語る」。我ながら、凄まじい説得力です。

そんなこんなで、このコロナ禍で家にいる時間が増えても、おかげさまで夫婦仲良くやっております。

思いがけぬ「再会」に、時の流れの早さを思う

先日、思いがけず嬉しいことがありました。

『あいつ今何してる?』(テレビ朝日系)という番組で、ずっと消息を気にしていた女性と、17年ぶりに再会を果たしたのです。

彼女は大塚麻恵《まえ》ちゃんといって、私が'04年に歌った『瞬間《とき》を止めて』という曲のミュージックビデオで、年の離れた恋人役を演じてくれた女優さんです。

荒木とよひさ先生に作詞していただいたこの曲のテーマは、「男女の道ならぬ逢瀬」。相手役には、落ち着いたたたずまいのなかに、しっとりと色気を漂わせる女の子が必要でした。

駆け出しの女優さんを何人もピックアップしてもらったものの、なかなかイメージに合

う子がいない。そんななかで、写真をひと目見てピンときたのが、当時24歳で、小さな劇団に所属していた麻恵ちゃんでした。

すっきりと涼しげな目元に、スッと通った鼻筋。小ぶりな口元にも、なんとも言えない品があります。「よし、この子で行こう！」と、即決でした。

いざ撮影を始めてみると、こちらの演出意図を飲み込むのも早い。とりわけ印象的だったのが、大雨のなか、海辺で私と別れの言葉を交わす場面でした。

降りしきる雨が、逆光に映える幻想的なシーンなのですが、この日は、凍えるような冷たい潮風が吹いていました。

――さすがに、こんななかで女の子に寒い思いをさせるわけにはいかねえな。

そう思った私は、撮影スタッフに「ここは、俺だけで撮ろう」と伝えました。

ところが、とうの彼女が首をタテに振らない。

「梅沢さん、私、できます。一緒に撮ってください！」

そう言うと、彼女は私をまっすぐに見つめました。

――若いのに根性あるじゃねえか。

結局、彼女は凍てつくような寒さのなかで、立派に撮影をまっとうしたのです。

そしてこのとき、私は彼女の秘められた「武器」にも気が付きました。雨に打たれて、彼女の身体にピタッと張り付いた白いワンピース。浮かび上がっていたのは、「ボン・キュッ・ボン」の見事なボディラインでした。

――こりゃあ、グラビアやったら絶対売れるぞ……（ゴクリ）。

女体の美には一家言も二家言もある梅沢の「スケベセンサー」が瞬時に反応したのですが、なにせ親子ほどの年齢差です。彼女がドン引きしてしまうと思い、グッと飲み込みました（こう見えて、意外とデリカシーがあるんです）。

まぶしいオーラを持ちながら、彼女はどこかはかなげで「私なんて……」というのが口癖でした。

芸能界は、うぬぼれているくらいじゃないと生き抜いていけません。「自分で自分を否定しちゃダメだよ」と噛んで含めるように励ましていました。

それからしばらくたって、彼女が「梅沢劇団に入れてもらえませんか」と事務所を訪ねてきました。

うれしい申し出ですが、舞台の世界には長く厳しい下積みが必要です。それに、ウチは弱小の個人事務所で、なんの後ろ盾もない。彼女を売り込む力もありません。

そこで、思い切って「君は舞台じゃなく、映像の世界で生きていったほうがいい。まずグラビアで名前を売って、それからテレビに出る道筋をつけたらどうだい？」と、伝えたのです。

するとその後、彼女は本当にグラビアアイドルとしての活動を始めて、あっという間に売れっ子に。「がんばってるな」と、私も目を細めながら活躍を見守っていました。

ところが、です。

あるときを境に、彼女はメディアへの露出をピタリとやめてしまった。聞くと、芸能界から完全に足を洗ってしまったようでした。

——どこで、何をしているんだろうなぁ。

折に触れて彼女を思い出していたので、今回の番組の話は、渡りに船でした。

かくして、スタッフが彼女を見つけた場所は意外や意外。日本から遠く離れたバングラデシュでした。

彼女はNGOの代表を務める旦那さんと結婚したのを機に現地に移住し、貧しい女性や子供たちの自立を支援する活動に打ち込んでいたのです。

麻恵ちゃんは、あのとき私がかけた言葉をいまでも覚えてくれていました。

「今度は私が、バングラデシュの子供たちに『自分で自分を否定しちゃダメだよ』と伝えています」

彼女が寄せてくれたメッセージに、思わず目頭が熱くなりました。何気なくかけたひと言が、ずっと彼女の心に残り続け、今度は子供たちを勇気づけている。こんなにうれしいことはありません。

袖振り合うも多生の縁。

麻恵ちゃんのますますの活躍を、遠い空から祈っています。

「子には美田を残さず」娘たちはそうやって育ててきました

――お前さん、もうそんな歳になったのかい……。

先日、25歳の誕生日を迎えた次女のお祝いをしたのですが、父は感慨にふけることしきりでした。

長女のほうも29歳。二人とも、立派な大人です。

ついこの間まで公園で一緒に駆け回り、おままごとをして遊んでいたと思ったのに、あっと言う間に一緒に酒を飲めるようになって、あっと言う間に所帯を持ってもおかしくない年齢になってしまいました。

嬉しいのと同時に、時の過ぎゆく早さに、一抹の寂しさを覚えます。親の胸中ってのは、なんとも複雑なものです。

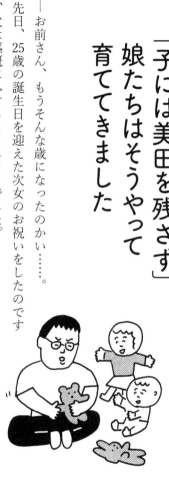

芸能人の子供というと、「甘やかされて育ったんじゃないか」と思われる向きもあるかもしれませんが、ウチはまったく違いました。

二人とも人並みに勉強して、人並みにアルバイトもして、「普通の人生」を歩んできたからこそ、変に遊び慣れていたり、親にブランド物をねだるようなこともありません。

娘たちは娘たちで、「梅沢富美男の娘」という目で見られたくないようで、長らく友達にも内緒で過ごしてきたようです。

成人を迎えた日には、それぞれに同じ言葉を贈りました。

「父ちゃんはもう、お前の生き方にはなにも言わない。男を作るのも、家を出ていくのも自由だ。ただし、これから起こることは全てお前の自己責任だからな。自分の力で生きていけよ」

「子には美田を残さず」とは、つくづく良く言ったものです。

私だってがむしゃらに働いてきたおかげで、世間的な知名度も、金銭的な余裕もそれなりにある。二人を甘やかそうと思えば、いくらでも甘やかせたと思います。

でも、親に下駄を履かせてもらって何かを得たところで、長い目で見たとき、それは本人の負い目になります。衣食住と教育さえ与えたら、あとは子供自身の手で摑み取ったものだけが、人生の肥やしになる。自分の経験から、私はそう考えていたのです。

梅沢劇団が父の代からあるせいか、私のことを「世襲でラクをしてきた役者」と思い込んでいる人がいるのですが、それはまるで違います。

ウチの劇団は、親父の頃に一度没落しています。小学生のときには、給食費も払えないほどの貧乏も経験しました。

その後、劇団の人気が盛り返し、私が役者になってからも、自分のお客さんがつくまではアルバイトを掛け持ちして、糊口をしのいでいました。

美味いものを食うのだって、銀座で遊ぶのだって、自分であくせく稼いだカネだからこそ嬉しいし、「明日からまた頑張ろう」と心を奮い立たせることができる。その繰り返しのなかで、いつの間にか人間の幅が広がっていくのだと思うのです。

おかげさまで、二人の愛娘たちは社会人として地に足をつけて働いています。

つい先日、次女が「お給料で株を買ったら下がっちゃった。どうしよう」とぶうぶう文句を言っていました。どんぶり勘定で、宵越しのカネは持たない私と違って、堅実なことこの上ない。もう、教えることはありません。

むしろ最近は、娘たちから教えてもらうことが増えてきました。

先日、コロナ禍で舞台が軒並み中止となり、私は鬱々とした気分になっていました。そんな折、次女とテレビを見ながら、ふと「パパ、もうダメなのかな。舞台に復帰できないかもしれない」と愚痴をこぼしてしまいました。娘の前で弱気をさらしたのは、人生で初めてです。

すると、次女はこちらをちらりと見やり、明るい声で言い放ちました。

「うるせえな、オッサン。グチグチ言ってないで、オネーちゃん遊びでもしてきなよ」

それを聞いた瞬間、不思議と「家族さえいれば、俺はまだ大丈夫だ」と思うことができました。縮こまっていた親父の背中を、娘がぶっ叩いてくれたのです。

ちなみに、彼女は私の遊びグセの悪さも、母親から聞かされて熟知しています。

昨年、レギュラー出演している『バラいろダンディ』（TOKYO MX）で、さる人気タレントの乱倫な女性関係を取り上げたときのこと。

自宅からリモートで出演していた私は、「いくらなんでも女性の扱いが雑すぎる。コイツは悪い男だよ！」と、したり顔で語っておりました。

すると、向かいのソファに座っていた次女がスッと、カンペを差し出してきた。

〈オメーが言うか？〉

父の胸に突き刺さる、ド直球の一言。

タジタジになった私は、すっかりしおらしくなって、口数も激減。向こうのスタジオでは、爆笑の渦が巻き起こりました。

この親にして、この子あり。

これからも、たくましく生き抜いていってほしいと思います。

世の中、すっかりイカれてた。「バブル」の狂乱と人生の教訓

今年の桜は、咲くのも散るのもいつもより早かったように思います。

うららかな日差しのなかで桜の花を眺めていると、過ぎ去りし人生について、いろいろなことを思い出す。私も、そんな年齢になりました。

こないだふと頭をよぎったのは、華やかなりしバブルの時代の記憶です。

読者の皆さんもよくご存じかと思いますが、あの頃の狂乱は規格外でした。

広告代理店のぺーぺーの社員たちが、ひとり頭ウン万円の店でどんちゃん騒ぎを繰り広げ、テレビ局のプロデューサーは、タクシーチケットを束で持ち歩いて、クラブのオネーちゃんにバラまいていた。分不相応な話です。

周りも「財テク」にせっせと精を出していましたが、かくいう私はどうにも興味が持てなかった。

「お父さんも競馬ばっかりやっていないで、株でも始めたらどうですか。馬券は外したら紙クズ、でも、株は半額になるくらいで済むわよ」

カミさんからもしきりに勧められたけれど、世の中全体の浮かれた雰囲気に馴染めなかったのです。

当時の銀行は、腐るほどカネが余っていたのでしょう。建設業を営んでいた私の義父にも、ひっきりなしに融資の話を持ちかけてきました。

ある日の朝、義父の会社を訪ねたときのこと。

「世の中で一番の悪党はコイツらだよ」

私が部屋に入るなり、ソファに座っているスーツ姿の男たちを指差しながら、義父が言いました。銀行の支店長とその部下たちです。

「コイツら、いきなり来て『50億借りてください』って言うんだ。恐れ入るよ」

「社長、そこを何とか……」

豪快に笑い飛ばす義父に、愛想笑いでお追従《ついしょう》する銀行員たち。

どう考えたってタガが外れている。頭がクラクラしました。

義父が心配になり、その日のうちにカミさんに報告しました。すると、彼女はあっけらかんとした様子で一言だけ。

「ああ、そのおカネならもう振り込まれたみたいよ」

普通の人間が10回生きても稼げない金額が一日のうちに右から左へと流れていく。道理から外れた話です。

——いつか、とんでもないことになるんじゃねえか。

カネ回りに疎い私ですら、そんな予感を持たずにはいられなかった。

その後、バブルがどんな末路をたどったかはご存じの通り。

病に侵された義父は、銀行から「あのとき貸したカネを返せ」と強く迫られ、経営を引き継いだうちのカミさんも、大変な苦労をしたようです。

「晴れの日に傘を貸し、雨の日に傘をとりあげる」という言葉がありますが、実に言い得て妙です。芸能界で羽振りが良さそうにしていた連中も、いつの間にか姿を消していきました。

バブル末期には、大金をめぐる珍事件にでくわしたこともあります。

'89年当時、義父の会社が川崎市内にマンションを建設中で、現場近くの竹やぶが、駐車場になる予定でした。

「竹の子でも採ってきたらどうだ」

ある日、義父にそう言われ、カミさんを連れてその竹やぶを訪れました。

どうってことはありません。長年放置された竹がうっそうと生い茂り、奥のほうにはゴミが山積みになっていた。

掘れども掘れども竹の子なんて見つからず、すごすごと帰ってきました。

ところが、事件が起きたのはそのあと。家に帰ってくつろいでいると、カミさんが血相変えて走り寄ってきた。

「お父さん、これ見て！」

カミさんがテレビをつけると、訪れたばかりの竹やぶが、画面にデカデカと映っているではありませんか。

〈川崎市内の竹やぶから、持ち主不明の現金1億3000万円が発見〉

「ええーっ!?」

ちょっとのことでは動じぬ私も、このときばかりはカミさんと顔を見合わせ、目をパチくりさせてしまいました。

のちに、どこかの社長が捨てたと判明するのですが、あの日、私が見つけて警察に届けていたら、お礼の1割で1300万円……。

一瞬、ゴクリと唾を飲みましたが、「どんなカネだかわかったもんじゃないしな」と、思い直しました。

悪銭身につかず。結局、なんのうしろめたい気持ちもなく遣えるのは、自分で汗水たらして稼いだおカネだけ。

だから私は、カネの貸し借りをするのも、人におごってもらうのも、どうにも好きになれないのです。

腹が減っては、芝居はできぬ。私の食い意地遍歴

最近、心から落胆する出来事がありました。私がこよなく愛し、通い続けてきた都内の中華料理店が、閉店するというのです。

「たかが料理屋がなくなるだけで、何をそんなに」と思われるかも知れませんが、長いこと家族ぐるみで足を運んできた名店です。

山椒の香りとともに、辛味と旨味がこみあげてくるマーボー豆腐も、鶏肉とナッツの炒めものも、米の一粒一粒がしっかりと立ったチャーハンも、何を食ってもしみじみと旨い。

とりわけ、シャキシャキとしたキャベツと豚肉の取り合わせが絶妙なホイコーローは大

のお気に入りで、休みの日に、昼からこれを食べながら飲むのが、最高の贅沢でした。

お店の方は「コロナの影響ではない」と言っていましたが、またひとつ「昭和の味」が消えていく。ホイコーローは何度か家で再現しようとしましたが、あの味と食感は真似できない。閉店してしまえば、二度と食べることができません。

何ごとにもクヨクヨしない私も、だんだんこういうことに寂しさを感じる年齢になってきました。

そもそも、私は食べることに関して、一方《ひとかた》ならぬ執念を抱いて生きてきました。

自分で料理をすることに目覚めたのは、18歳の頃。役者だけでは食っていけず、馴染みのお寿司屋さんでアルバイトを始めたのです。魚のおろし方から美味しい出汁のとり方まで、料理の「イロハ」はすべてここで教わりました。

とりわけ、店のまかないを任されたのはいい経験でした。大将からは、「余計なカネは使うんじゃねえぞ」とキツく言い渡されていたので、使えるのは余った材料だけ。寿司ネタにならない魚の切れ端やアラを集めては、美味しいまかないを作るため試行錯誤を続ける日々でした。

魚のアラをじっくりと煮て、出汁をとった「アラカレー」は、大将をうならせました。

いまでこそ、「シーフードカレー」を見かけますが、当時は珍しかった気がします。魚介のコクとカレーのスパイスが絶妙に混じり合って、得も言われぬ美味しさが口のなかいっぱいに広がる。簡単だけど、クセになる逸品です。

現在はどの劇場も火を使えなくなってしまったのでやっていませんが、10年ほど前までは、劇場公演の合間にカレーと牛丼を大量に作って、劇団員にふるまうのが恒例になっていました。

公演が昼しかない日に、業務用スーパーへと繰り出し、肉やら野菜やら、大量の材料を買い込みます。その後は、深夜の1時まで、ひたすら野菜を切っては煮込む。そして翌朝、カレーと牛丼が入ったおびただしい量の保存容器と、巨大な寸胴鍋を劇場に持ち込んで、みんなに食べてもらうのです。

「梅沢劇団にいると、食費がかからない」

実入りが多くない駆け出しの劇団員たちには、とても喜んでもらえました。どこから聞きつけたか、劇場のスタッフも食べにやってくる。さながら、炊き出しのような賑わいです。

それでも寸胴鍋3個分、ゆうに200人前は用意していたので、簡単にはなくなりません。時には、スパイシーな香りが客席まで漂い、「なんだかカレーの匂いがするわね」と、ヒソヒソ声が聞こえてくることもありました（笑）。

今度書こうと思いますが、私は小学生の一時期、親元を離れ、ひもじい思いをしました。給食費が払えず、お昼の時間に、校庭でひとりポツンと待っていた日のことは、忘れようと思っても忘れられるものではありません。そんな切ない経験があるからこそ、料理は山ほど並べないと気が済まないのです。

腹が減っては、芝居はできぬ。座長として、劇団員の食事に関することにはカネに糸目はつけません。いまは、ケータリングやコンビニで買い出したお弁当に代わりましたが、人数を遥かに超える量を用意する「伝統」は昔のまま。

「同じ釜の飯を食った仲」とは本当によく言ったもので、みんなが美味しそうに食べている様子は、なんとも微笑ましい。「座長、やっててよかったなぁ」と幸せを感じる瞬間です。

食い物の話といえば、ウチのカミさんはいま流行りの「自然食」にめちゃくちゃ詳しい。「健康にいいのよ」なんて言って、アワやヒエが入った雑穀米を食卓にあげることがあります。

でも、私はアレが苦手なんです。

「ママ、こういうのを食いたくないから、汗水たらしてやってきたんじゃねえかぁ。銀シャリを出してくれ、銀シャリを！」

身体には本当にいいんだろうし、貧乏人根性だってのは、よくよくわかっているんですけどね。

イヤなものはイヤなんだよ！

「人生の味わい」を教えてくれたのは、石ノ森章太郎先生でした

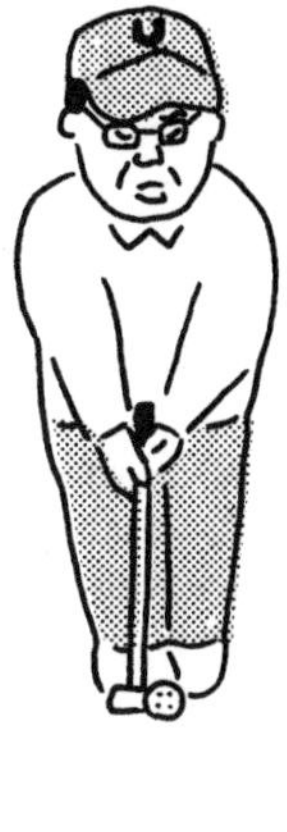

なかなか舞台に立てないコロナ禍の日々ですが、唯一、良かったことといえば、ゴルフをする機会が増えたことでしょうか。

このエッセイが載っている『週刊現代』はゴルフの連載が充実していますが、かくいう私も大のゴルフ好きです。なぜかといえば、すべてが「自己責任」のスポーツだから。

野球のようなチームプレイでもなく、テニスみたいに球を打ち合う相手がいるわけでもない。スコアが出ない原因は、すべて自分自身にある。そういうシンプルな原理が、協調性のない私の性分に合っているのです。

クラブを握るようになったのは20代の頃、『サイボーグ００９』で知られる漫画界の大御所、石ノ森章太郎先生の一言がきっかけでした。

「大人の男たるもの、ゴルフくらいできるようになれ」

石ノ森先生は私が若い時分から目をかけてくださった大恩人。その先生に言われれば、始めないわけにはいきません。クラブは先生からいただいた、お下がりのパーシモンでした。

最初に打ちっぱなしに行ったときから、飛ばすことには自信がありました。なにせ、劇団では移動ごとに重い舞台道具を担いで運ぶから、嫌でも筋力はついています。そのうえ、中学まで野球をやっていたので、外角低めを捉える感覚で振れば、ジャストミートするのも造作はない。

ちなみに、スイングはすべて我流。誰かに教わったことはありません。しょせんは遊び、気楽に振れればそれで良しと割り切っている部分もありますが、もうひとつ、私なりの考えがあるのです。

それは、師匠の理想とする「型」と、弟子の身体に合った動きというのは、多くの場合一致しない、というもの。

人はそれぞれ骨格も違うし、生来の「動きのクセ」も違う。そうした個性に師匠の理屈がぴったりハマればいいですが、たいがいは上手くいきません。私は日本舞踊をずっとやってきたので、それが嫌というほど身に沁みているのです。

よく、日本のスポーツ選手が海外に挑戦するとき、上半身に極端な筋肉をつけるでしょう。でも、その多くはバランスを崩し、スランプに陥っています。もちろん、プロとアマで事情は異なるのでしょうが、あれも自分の身体の感覚より、周りの意見や、もっともらしい理屈を優先してしまった結果だと思うのです。

じゃあ、お前はどうやってゴルフを勉強しているのか、と聞かれれば、とにかく、「見て真似る」に尽きます。一緒にラウンドした上手い人の動きや、プロの動画をじっと観察して、自分に合いそうな部分を取り入れるのです。芝居や踊りをやってきていますから、身体で覚えることには一日の長があります。

基本的に、私はよっぽど気心の知れた相手でなければ、一緒にラウンドすることはありません。お互いに気を遣いあうのが嫌なんです。芸能界でのゴルフ仲間は、みのもんたさん、宮根誠司さん、前川清さんくらいでしょうか。

前川さんはびっくりするほど上手です。ドライバーはまっすぐ飛ぶし、小技も巧い。豪快に飛ばすわけではありませんが、大事なところで大崩れしない。スカッと飛ばせないとすぐにヘソを曲げて大崩れしてしまう私は、前川さんのゴルフからおおいに学びました。

私が石ノ森先生のお下がりのパーシモンを卒業したのも、前川さんとのラウンドがきっかけです。

「いまどきそんなの使っている奴なんていないよ」と前川さんに大笑いされ、たいそう恥ずかしかった。それからというもの、私は狂ったようにあらゆるクラブを試すようになりました。

「ゴルフは言い訳のスポーツである」。有名なゴルファーの格言だそうですが、これは言い得て妙ですね。私も、スコアが伸び悩むたびに「俺が悪いんじゃねえ、道具が悪いんだ」と自分に言い聞かせ、湯水の如くカネをつぎ込んできました。

「そんなに買って、バッカじゃないの！」。カミさんの顰蹙《ひんしゅく》も、どこ吹く風です。

そんなこんなで、長らく「用具難民」だった私が、ついに運命のクラブに出会ったのはつい最近のこと。

なんの気なしに購入した「ＵＦＯ」というユーティリティクラブでした。

「漢《おとこ》は黙ってアイアン勝負」を貫いてきたものの、さすがに70歳ともなると飛距離が落ちてきます。それで仕方なく、ユーティリティに手を出したのです。

「カッコ悪いかな」と思いつつも、腹をくくって使ってみると、これが驚くほどハマりました。打球の方向も正確だし、軽く振るだけで思い通りの飛距離が出る。

おかげで、この歳にしてベストスコアの「78」を叩き出すことができました。

もうユーティリティを手放すことはできません。名を捨てても、実を取る。歳をとってまで変な見栄を張るより、気持ちよく飛ばせるほうが、ずっといい。

こうして、ときに人生の真理を教えてくれるから、ゴルフは止められないのです。

あ、こんなこと言っていると、またカミさんに叱られちゃう……。

「月」の章

貧しさに負けて泥棒をして……。人の情けが、幼心に沁みました

夏になると、しばらく忘れていた思い出が、ふと鮮やかに蘇ってくるのはなぜでしょう。夏草や土の香りが、脳裏を刺激するのでしょうか。

私が決まって思い出すのは、親元を離れ、福島の祖母に預けられていた幼い日のことです。人生でもっともひもじく、辛い思いをした時期でした。

1歳7ヵ月で初舞台を踏み、「天才子役」の呼び名をほしいままにしていた私は、ご贔屓筋からチヤホヤされて育ちました。

よたよたとお袋の背中を追い、「ちゃーん!」「おっかぁ!」と叫ぶだけで、客席はすす

り泣き。当時流行った『トンコ節』にあわせて、お尻を振り振り「ハイハイ♪」と踊ると、「トンちゃん、かわいい〜」と黄色い歓声が飛び、おひねりが雨あられと降り注ぐ。美味しいものをたらふく食べさせてもらい、満ち足りた生活を送っていました。

ところが、6歳になる頃、父がこんなことを言い出しました。

「富美男よ、今日び、読み書きもできないんじゃ、生きていかれん。おばあちゃんのところに行って、学校に通いなさい」

当時、地方を転々とする旅役者の家の子供は、義務教育もロクに受けられないのが当たり前でした。

いまのように台本がなく、芝居の筋書きは「口伝え」で教えていたので、読み書きができなくても食べていけたのです。しかし、これからの時代の役者はそれではいけないというのが、父の考えでした。

祖母のもとに引き取られて間もなくは十分な仕送りもあり、不自由はありませんでした。ですが、小学校3年生に進級しようというとき、生活が激変します。

折しも映画全盛時代、石原裕次郎さんや吉永小百合さんら新時代の銀幕スターの人気が本格化し、大衆娯楽のお客を根こそぎ映画に取られてしまったのです。

梅沢劇団も経営難に陥り、両親からの仕送りも少なくなってしまいました。

祖母には蓄えもなく、生活が苦しくなるのはあっという間でした。着る服もなければ、ロクな食事にもありつけない。髪も伸びっぱなしです。

授業で使うノートが買えず、デパートに行って裏が白いチラシを持ち帰ろうとしたら警備員さんにこっぴどく叱られ、ベソをかいて帰ったこともありました。

——貧乏って、こんなに苦しいのか。

絶頂からどん底へ。

給食費すら払えなくなり、昼休みは校庭に出て、じっとしゃがんで空腹をやり過ごす日々。終いには学校に行くのもやめて、空き地でボーッと過ごすようになりました。

そんなある日のこと。顔見知りのあんちゃんに道で声をかけられました。

「なあ、富美男。一緒に工場に行って、鉄クズ拾って来ようや」

'50年代は「金へんブーム」なんて言われた時代で、そこらへんでかっぱらった鉄クズにも結構な値がついたのです。

幼心にいけないとはわかっているけど、貧すれば鈍する。

ほんの少しでもおカネがほしかった私は、言われるがまま、あんちゃんのあとをついていきました。

この日の狙いは、町の外れにある自動車工場。なんなく敷地に忍び込み、打ち捨てられていたエンジンを抱えて盗み出そうとした、そのときでした。

「おい、泥棒！」

工員の鋭い声が響きわたります。

「ヤベえ、逃げるぞ！」

あんちゃんと一緒に一目散に駆け出しましたが、重いエンジンを背負ってそんなに速くは走れません。

すぐに首根っこをつかまれてぶん殴られ、工場の社長の奥さんのところへ連れていかれました。

「このガキ、警察に突き出してやりましょう」。息巻く工員を制し、奥さんが優しそうな声で言いました。

「きっと、大きいお兄ちゃんにそそのかされてやっただけでしょう。今回だけは許してあげる……」

そこまで言って私の顔を覗き込んだ奥さんが、突然目を丸くして固まってしまいました。

「あんた、トンちゃん、トンちゃんじゃないの！」

事実は芝居より奇なり。

彼女はかつて私の母に踊りを習い、梅沢劇団にも籍を置いたことのある人だったのです。

「あんなに立派だった子が、こんなになっちまって……」

ボロボロの服を着た私を抱きしめ、奥さんはオイオイと泣き続けました。ふっと安堵した私も、涙が止まりません。

結局、彼女が巡業先のお袋に電話をかけ、「師匠、トンちゃんを迎えに来てあげてください」と言ってくれたのをきっかけに、私は兄貴のもとに引き取られることになりました。

もしもあのとき、奥さん以外の人に警察に突き出されていたら、私の人生はどうなっていたのか。

昔日の人情に、頭《こうべ》を垂れるばかりです。

「下町の玉三郎」はここから生まれた。初めて女形に変身した日

「この年齢になるまで、よくやってきたよなぁ」

舞台開始前、鏡に映った自分の白塗りの顔を見て、しみじみと感じ入りました。

20代の半ば、私が初めて女形を演じてから、かれこれ50年近い歳月が経とうとしています。

古希を過ぎて太りやすくなり、顔の皺も増えてきました。妙齢の女を演じるには、昔に比べてずっと工夫がいります。化粧も踊りも、毎年のように改良を重ね続けていまがあるのです。

新しいメイクや衣装で踊ると、お客さんから「誰だかわからなかった」と言われること

もしばしば。

この本を担当している編集者は「顔の大きさがいつもの3分の1くらいに見えました！」と、びっくりした様子でした。褒められてんだか、けなされてんだか、よくわかりません。

まぁ、「3分の1」は大げさだとしても、輪郭に強いシャドウを入れ、上半身を上手く反らすことで、顔の大きさは何回りも小さく見せることができます。

ちなみに、化粧のなかで一番こだわっているのは「眉毛」です。表情の大部分は、眉が決めると言っていい。

人は、眉頭の間隔を狭めれば狭めるほど「キツい顔」、眉尻を下げれば下げるほど「マヌケな顔」に見えます。だから、女形のときと、粗忽な町人をやるときでは、眉の形がまったく違います。

根がガサツな人間なので、まさかこの年になるまで、こんな細やかな化粧を続けているとは思いもしなかった。

そもそも、私が女形を始めるきっかけになったのは、梅沢劇団を贔屓にしてくださっていた漫画家、石ノ森章太郎先生の一言でした。

ある日、酒をご一緒していると、先生がポツリとおっしゃった。

「今度、武生《たけお》（当時、座長を務めていた私の兄貴です）と『矢切の渡し』を踊ってくれないかい」

『矢切の渡し』は、細川たかしさんや、美空ひばりさんの歌唱で知られる名曲ですが、もともとは、ちあきなおみさんのレコードのB面でひっそりと世に出た曲でした。石ノ森先生はこの曲が大好きで、カラオケでいつも歌っていたのです。

深く考えず、「やらせていただきます」と即答し、稽古場に帰って兄貴に話すと、なんだか難しそうな顔をしている。

「『矢切の渡し』は、男と女が舟に乗って駆け落ちする話だぞ。相舞踊《あいぶよう》（男女ペアの踊り）だから、俺かお前、どっちかが女形をやらなきゃいけない」

私も兄貴も、女形なんてやったことがありません。とはいえ、恩人である石ノ森先生に、「できません」とは口が裂けても言えない。

思案した挙げ句、兄貴が言いました。

「お前が女形をやれ。女好きなんだから、女を見て勉強するのは朝飯前だろう」

振り返れば、私に押し付けたいあまりに兄貴が放《ひ》り出した、メチャクチャな理屈です。

しかし、「生来のスケベが生かせるかもしれない」と、私もなんとなく納得してしまいました。

それからというもの、私は毎日のように道に立ち、行き交う女性たちをジロジロと眺め回しました。怪訝な視線もお構いなし。いまなら、即通報です。

実際、女性の火照った表情を観察しようと思いたち、銭湯の入り口に立ち続けていたら、お巡りさんにしょっぴかれたこともありました。

わかったのは、顔の造作やスタイルだけでは表現できない「色気」や「たたずまい」があるということ。

小さな歩幅の上品な歩き方や、かかとからつま先までピンと伸ばした立ち居振る舞い。そうした雅な所作が折り重なって、「美しい女」のイメージができあがる。娘歌舞伎の役者だったお袋の智恵も借りながら、黙々と研究を続けました。

さて、迎えた舞台当日。兄貴と女形の私が静かに『矢切の渡し』を舞い始めると、これまで聴いたことのないような大歓声が沸きました。想像以上の反応に、二人ともビックリです。

芝居が終わって化粧を落とし、玄関でお客さんのお見送りをしていると、顔見知りのおばあちゃんが私に言いました。

「さっき踊ってた役者さんを呼んでくれる？　素晴らしかったわ」

夢を壊しちゃいけません。「アレ、実は俺なんだけど」という言葉を、ぐっと飲み込みました。

――俺だとわからなかったなら、大成功じゃねえか。

程なくして、私の女形はたいそうな評判になり、いつのまにか「下町の玉三郎」という呼び名を取るまでになります。

「ほら、売れただろ？」

後日、石ノ森先生はニヤリとしながらそうおっしゃいました。

慧眼に感服するばかりです。

断るつもりだったのに……。『夢芝居』を歌うことになったワケ

エッセイを書くとなれば、あの曲の話をしないわけにはいきません。そう、『夢芝居』です。

もう40年近く前の曲ですが、いまも「こだわり酒場のレモンサワー」のCMや、『プレバト!!』の出囃子にも使われ、すっかり私の名刺代わりになっています。

でも、発売当時は、この歌を歌うのが嫌で嫌で仕方ありませんでした。

'82年、私はドラマ『淋しいのはお前だけじゃない』に出演し、大変な評判をいただきました。

当時は、売れた俳優は歌を出すというのがお決まりの流れ。ご多分に漏れず、私のとこ

ろにもレコード会社からのオファーが殺到していました。

とはいえ、私は音楽なんて勉強したことはないし、セリフ以外の声の出し方を勉強したこともありません。だから、ことごとく断っていたんです。

ところが一人だけ、どうしても諦めてくれない音楽ディレクターがいた。キングレコードの伊藤菊佳《きくよし》、通称・菊ちゃんという男です。彼は、断っても断っても、めげなかった。

「歌いたくねぇっつってんだろ！」とハッキリ言えれば楽ですが、そこは人間関係がモノをいう世界。あまり角が立つのもよろしくない。

そこで、無理難題を吹っかけました。

「小椋佳さんが作詞・作曲してくれるなら、歌ってもいいかなぁ……」

私は小椋さんの大ファンです。当時の小椋さんは多忙を極めていて、他の人にはあまり曲を書いていなかった。

当代一流のヒットメーカーの名を借りた、体のいい断り文句でした。

これを聞いて菊ちゃんもすごすごと帰っていったので、「うまく断れた」とホッとしていたんです。

ところが、すっかり忘れた頃に、彼が再びやってきた。

「小椋さんがオッケーしてくれました！」

「え、マジかよ⁉」。絶句する私。

これは後から知ったのですが、菊ちゃんは銀行からレコード会社に転職した変わり種。小椋さんも銀行員と歌手の「二足のわらじ」の人だったから、懇願されて親近感が湧いたのかもしれません。

――瓢簞《ひょうたん》から駒が出ちまったか……。

頭を抱えたものの、時すでに遅し、こうなったら、約束は約束。私も腹をくって、歌う覚悟を決めました。

それからしばらくして、小椋さんから『夢芝居』のデモテープが届いたのですが、これがまぁ、素晴らしかった。

物寂しげなアコースティックギターがしんみりと鳴り、そこに小椋さんの深い歌声がそっと重なる。大人の歌でした。

「なんてカッコいいスローバラードなんだ！」と大興奮した私は、テープを聞きこみ、万全のイメージトレーニングを積み重ねて、収録の日を迎えました。

ところが、いざスタジオ入りして、本番用のアレンジを聞くとびっくり仰天。

♬ジャーン、ジャ、ジャカジャカジャーン〜〜

のっけからハデに響くエレキギター。デモテープとはまるで違う、歌謡曲全開の味付けに動揺が隠せません。

いまでこそ、この曲の代名詞となったイントロのギターですが、こっちはすっかりバラードの気分で来ているから、気持ちがまるでノッてこない（笑）。

そもそも、私は楽譜だって読めません。「譜割りと違う」と、ディレクターから何度もやり直しを食らいました。

やはり人間、慣れないことをするものではありません。どうしたものかと唸っていたとき、はたと思いついたのです。

「これ、柝頭《きがしら》を入れたら上手く歌えるんじゃないか」

柝頭とは、舞台の幕開けと共に「チョ〜ン」と鳴る拍子木のこと。あれが響くのを聞いて、スイッチが入らない舞台役者なんていません。

それで、曲が始まる直前にチョ〜ンと鳴らしてみたら、これが大正解。一気にノッてきました。そのうえ、曲のイントロにも絶妙にマッチする。小椋さんも大喜びで、「梅沢さん、最高だ。これでいこう！」と言ってくださいました。

かくして、発売された『夢芝居』は、50万枚を超える大ヒット。その年の紅白歌合戦からも出演オファーが届きました。

紅白という番組は、リハーサルが大変です。3回も歌わされた挙げ句、「カメラワークが上手くいかなかったので、もう1回いきましょう！」なんて言ってくる。

こっちは、年の瀬の貴重な時間を割いて出張ってきているんです。無遠慮な態度に、だんだん気が立ってきた。

それでつい、「おい、何回歌わせるんだ、いいかげんにしろよ！」と叫んでしまった。一瞬でシーンと静まり返るホール。

あれを境に、紅白からは二度とお呼びがかかりません。

私の人生、こんなんばっかりですよ……。

「ドッキリ番組」には出ねぇ！心に固く誓った出来事

レギュラー番組はもちろんのこと、特番、ワイドショーと、年明けからほぼ毎日のようにテレビに出さしていただき、おかげさまで『日刊梅沢』状態の日々が続いております。

例年だと、長丁場の公演が毎月のようにあるので、すべてのオファーをお引き受けすることは難しい。しかし、今年はコロナでこの有り様。劇団員たちの生活を守るためにも、可能な限りの依頼をお受けしたいと思っているのです。

そもそも私は、芸能人たるもの、体を張って観る人を楽しませてナンボ、という考えの人間です。企画書を読んで自分が面白そうだと判断したら、傍からはバカみたいに見える仕事でも、プロとして全力で引き受けます。

先日は、私のモノマネをしている芸人のチョコレートプラネット・松尾駿くんと、巨大ウォータースライダーに挑戦。

海パン一丁になり、ミサイルのようなスピードでプールに突っ込む私を見て、有吉弘行くんは「大御所がなにやってんすか……」とあきれつつ、腹を抱えて笑っていました（私は極度の高所恐怖症。本当にチビりかけていたのは秘密です）。

そんな、「なんでもござれ」の私でも、「出ない」と心に決めているジャンルがあります。それが「ドッキリ」。

「役者になってなかったら、絶対ヤクザ」

かつて、オードリーの若林正恭くんからそう言われたことがありますが、実際、私の「コワモテイメージ」にはニーズがあるのか、ドッキリ番組から「仕掛け人をお願いできませんか」、という依頼がよく来るのです。

でも、基本的にすべてお断りしています。

理由は簡単で、マジになっちゃうから。かつてドッキリと知らず、仕掛け人をボコボコにしてしまったことがあるのです。

私が売れ始めた'80年代の半ば頃でしょうか。当時のマネージャーから、「番組の打ち合わせをするので、喫茶店に来てほしい」と呼び出されました。

いざ行ってみると、私が一番乗り。案内された席でタバコを吹かしていると、近くの席にフリフリの服を着たカワイイ女の子が、ポツンと座っている。

――お、マブい（死語）じゃねえか……。

そう思って眺めていると、タテジマのスーツに金のネックレスの見るからにガラの悪い兄ちゃんが急に入ってきて、彼女と同じテーブルにつきました。

――なんだ、彼氏持ちか、解散。

ところが、カップルにしては様子がどうもおかしい。

「や、やめてください……」と嫌がる女の子に、「少しぐらいいいじゃねえか、エエ？」と大げさに迫る兄ちゃん。

まるで町娘に悪代官。あまりにベタすぎる展開で、いま考えれば仕込みに決まっています。でも、ドッキリなんてまだ珍しかった時代。まさか自分が仕掛けられているなんて、夢にも思わなかった。

目の前の光景をすっかり信じ込んだ私は、「オネーちゃんを助けてやんなきゃ」と、躍起になりました。

「おい、何やってんだお前！　嫌がってんだろうがっ」

ドスを利かせて、メンチを切ります。

「テメェには関係ねえだろっ！」

兄ちゃんも負けじと言い返してくる。

「ああ、誰に口きいてんだ！　指十本あっても足んねえぞ、オオ、コラッ！」

それからは、芝居仕込みの「任俠ワード」を連発。ついには、「表出ろ、バカ野郎」と、男を店の外へ引きずり出します。

外に出たら出たで、お互いに胸ぐらのつかみ合い。かわいそうなのは向こうで、仕掛けをバラすわけにもいかず、私の繰り出した拳をモロに顔面で受けます。

そんなとき、数人の男たちがあわてて駆け寄ってきて、後ろから私を羽交い締めにしてきました。

――加勢か？　とことんやってやろうじゃねえか、畜生！

必死で拳をぶん回していると、男の一人が悲鳴のような声で何か叫んでいる。

「梅沢さん、これ、テレビです、ドッキリ番組なんですッ！」

――は、ドッキリ？

ここまできて、鈍い私もすべてを理解しました。

とはいえ、大立ち回りを演じてしまった以上、このままでは振り上げた拳を下ろす場所がない。

「ふざけたことやってんじゃねぇ！」

平謝りするスタッフを叱りつけ、さっさと家に帰ってしまいました。結局、番組はお蔵入り、ドッキリであることを黙っていたマネージャーもお役御免に。

あの頃は、私もずいぶんとんがっていたものです。

いまやすっかり好々爺。「俳句のおっちゃん」として、いつもニコニコです（そんなことないって？）。

そんなわけで、この本を読まれているテレビマンの皆さま、ドッキリ以外の仕事のご依頼、どしどしお待ちしております！

最近のドラマはなぜつまらなくなったのか。ウメザワ大いに語る

ほぼ毎日のようにテレビに出さしていただいている私ですが、最近のドラマの仕事は、だいたいお断りしています。

だって、現場がつまらないんだもん。

近頃のドラマの制作現場は、人も時間も余裕がない。せかせかしたスケジュールで作っていくから、こっちもついイライラしてしまう。機嫌が悪くなる自覚があるので、迷惑をかけないよう最初から引き受けないのです。

それから、「タバコを吸う」という演出がダメになったのも大きい。私にとって、タバコは立派な小道具でした。

たとえば、刑事役で犯人を取り調べるとする。沈黙のなかで、おもむろにタバコを咥え、フーッと白い煙を吐く。

それから一呼吸おいて、犯人に「おい」と声をかける——。

見ているほうは、この一連の間合いのなかで、刑事と犯人の胸の内を想像することができます。タバコがないと、こういう「間」が持たない。

もちろん、実際の刑事は取り調べをしながらタバコなんて吸いません。でも、フィクションの世界では「本当じゃないことが現実を超えたリアリティを生む」っていうのがあるじゃないですか。そういう遊びがなくなってしまった現場は、なんとも味気ない。

そもそも、いち視聴者としてドラマを見ることも少なくなりました。

最近は何を演じても同じに見えるタレントやアイドルが、平気で主演を飾っている。彼ら自身の雰囲気にハマる「アテ書き」のような役ならいいけれど、そうじゃなければ違和感が強すぎて、とても見ていられません。

役者というのは字面の通り、「役柄に扮する人間」。自分に役柄をあわせるのではなく、役柄のほうへ自分を寄せていく。若いうちから「個性派」なんて気取っているのは、役者として甘い。

その点、私がずっと名優だと思っているのが、西田敏行さんです。

長瀬智也くんとのドラマ『俺の家の話』（'21年、TBS系）でも、余命いくばくもないとぼけた能楽師の役を、見事に演じていました。なにを演じてもきっちり「西田敏行のハマリ役」だと思わせる。これこそが、本当の個性です。

それから、最近の人だと綾野剛くんも私好みの役者です。

彼は、憂いを帯びたたたずまいが素晴らしい。'20年の話題作『MIU404』（TBS系）で演じていた飄々とした刑事の役もよかったけれど、一番上手いのは悪人役です。

綾野くんが冷たい目で相手を睨《ね》めつけると、まるで自分が殺されるかのような気がして、背筋が薄ら寒くなります。

聞けば、映画の撮影中、主人公の変化を伝えるために体重を10kg以上も増減させたとか。見上げた役者根性です。

かくいう私も、いざ演じるとなれば、とことん役に入り込むタイプです。昔の作品ですが、特番ドラマで「頸椎《けいつい》のがん」に侵され、死期が迫るスターの役を演じたときのこと。息を引き取るシーンを撮影する直前、私は監督に頼み込みました。

「この場面は、どうしても痩せてから臨みたい。2日間だけ時間をくれませんか」

化粧では出せない、死に際の迫力を表現したかったのです。

そうと決めると、劇団員をかき集めて2日間不眠不休の麻雀大会を開始しました。劇団員には一定時間で入れ替わってもらいますが、私はずっと打ち続ける。口にするのは酒だけで、メシも食べない、水も飲まない。船を漕いだら、すかさず水をぶっかけてもらいます。

順調に顔色がどす黒くなり頰もコケて、「しめた」と思っていたのですが、二晩寝ないとさすがに朦朧とします。ろれつも回らない。

これじゃあ、セリフが言えないと、2時間ばかり仮眠を取ることにしました。つかの間の眠りから覚めてみると、劇団員たちの様子がおかしい。

「カ、カンバン、か、顔が……」

鏡で顔を見てみると、げっそりと痩せこけるどころか、パンパンに浮腫《むく》みあがっているではありませんか。

――寝なきゃよかった……。

いくら悔やめど、時間は待ってくれません。監督に平謝りをして、まるでアンパンマンのような顔で撮影に臨んだのです。

せっかくの苦労が水の泡。挙げ句に現場に迷惑をかけるなんて。さすがの私もしばらく凹んでおりました。

ところが、うちのおふくろの主治医がたまたまそのドラマを見ていて、茶飲み話でこう言ったそうです。

「頸椎のがんで亡くなる方は、抗がん剤の影響で顔が大きく膨れるんです。それを再現するなんて、富美男さんは大した役者ですよ」

これぞまさしく怪我の功名。世の中、なにがどう転ぶかわからないもんです。

前代未聞⁉ 痩せすぎて笑われた「ライザップ」体験記

久々の公演も、おかげさまで千秋楽を迎えました。発声、踊りなど、カンをとりもどさなければいけない部分はたくさんありましたが、一番苦労したのが身体作りでした。

読者の皆さんの多くも痛感していると思いますが、60を超えたあたりから、びっくりするくらい代謝が落ちてくる。

私も古希を迎え、不摂生をするとすぐ身体に出ます。コロナ禍で芝居や稽古が制限されるなか、いつもどおりに飲み食いしていたら、あっという間に肥え太り、見事な太鼓腹をこさえてしまいました。

――このままじゃ、舞台に立てねぇな……。

宙を見つめ、ポンッと腹鼓を打ったとき、ふと頭をよぎったのは、3年ほど前の記憶。実は私、血のにじむようなダイエット生活を送ったことがあるのです。

ご記憶の方もおられるかもしれませんが、その頃、私は「ライザップ」のCMに出演しておりました。ブクブクに太ってしまった芸能人が、トレーニングを重ね、軽快な音楽に乗せてムキムキのボディを披露するアレです。

基本的に、舞台役者というのはストイックです。「役のために」と言われれば痩せるし、必要があればわざと増量することもある。体重の増減には慣れています。

とはいえ、あれだけの筋肉がつくトレーニングは、さぞやハードなのだろうと、身構えておりました。

ところがフタを開けてみると、ライザップのトレーニングは週2回、わずか50分のみ。食事も内容に注意すれば、しっかりと食べてOKというものでした。

しかも、私についたトレーナーさんは、自衛隊のパラシュート部隊出身という精鋭。筋肉について知り尽くしている。

この強力な「援軍」のおかげで、私はトレーニングを快調にこなし、のっけから順調に痩せていきました。

――なんだ、楽勝じゃねえか。

慣れてくると、なんでも我流でやりたくなってくるのが悪いクセ。途中からトレーナーさんの指示を無視した私は、よりハードな「梅沢流ダイエット」に励むようになります。

本来、筋トレをした後は、適切に休みをとって筋肉が大きくなるのを待つのが正しい方法です。ところが、早く結果を出したいあまり、楽屋にも器具一式を持ち込み、朝から晩まで筋トレ漬けの毎日を送るようになります。

食生活も然り。基本的に、糖質を控えつつ、タンパク質をしっかり摂って筋肉をつけるのがライザップ流。身体が仕上がってきたタイミングを見計らい、糖質を摂取してエネルギーを補給するという科学的な手順があります。

しかし、「草だけ食えば痩せるだろ」と、早合点した私は、これまたトレーナーさんの言いつけを破り、バカのひとつ覚えで野菜ばかりを食べ続けました。

そんな生活を続けていたある日のこと。朝起きると、下半身に激痛が走りました。

「いっ痛え……！」

七転八倒、のたうち回りながら病院に行くと、診断は「尿管結石」。

過ぎたるは及ばざるがごとし。青菜ばかり食べていると、体内にシュウ酸が溜まり、結石ができやすくなるらしい。

お医者さん曰く、「男の尿管結石は、内臓破裂よりも痛い」。私も、なかなか辛い腰痛を患っていますが、尿管結石の痛みは、その比ではありません。

聞き分けのない性格が生んだ悲劇。トイレに行くたびに、文字通り「血がにじむ」状況に、いったんトレーニングをリタイアしてもおかしくない事態でした。

しかし、追い込まれるとムクムクと頭をもたげてくるのが、生来の負けん気。一度引き受けたお仕事を投げ出せば、男の沽券にかかわります。

頭の中で鳴り響く、映画『ロッキー』のテーマ。悲鳴をあげる下半身にムチ打ち、シルベスター・スタローンよろしく白目を剝《む》きながら、トレーナーさんに内緒でバーベルを挙げ続けました。

そして迎えた、運命の体重チェックの日。体重計に乗った瞬間、トレーナーさんが驚きの声をあげます。

「梅沢さん、これ痩せすぎですよ（笑）」

4ヵ月で10kg減れば上出来だと思っていたのに、結果はびっくりのマイナス15kg。

エイドリア～ン！

目標体重が近づくにつれ、四苦八苦する人は多いようですが、想定を超えて減量する人間は、なかなかいないらしい。トレーナーさんが苦笑いするのも無理はありません。

とはいえ、このままではヒョロヒョロ。その後2ヵ月、指示通りに正しいトレーニングをやり直し、CMではたくましい肉体を見せつけることができました。

銀座のオネーちゃんたちからも「カッコいい！」「惚れ直した!!」と黄色い歓声を浴びるようになり、得意満面。

人間、なんでもやってみるもんです。

健さんとひばりさん。役者人生でたった2つの「心残り」

一番の特技はなにか。そう聞かれたら、私は迷わず「忘れること」と答えます。

もちろん、人から裏切られたり、傷つけられたりすると、多少なりとも気分が落ち込み、ボーッとすることがあります。ところが、少し時間がたつと記憶から綺麗に消え去り、以後、取り立てて思い出すこともありません。

それは、「いいこと」に関しても同じです。

お芝居や歌を表彰していただいたこともありますが、トロフィーや賞状はすべて捨ててしまいました。

良きにつけ悪しきにつけ、過去を振り返っても、いいことなんてひとつもない。70を過ぎ、残された時間も短くなってきたいまはなおさら、先のことを考えようと思っています。

なーんて、カッコつけてはみたものの、私にも「もったいなかった」と悔やんでいる出来事が、2つだけあります。

それは、さる二人の大物との共演の機会を断ってしまったこと。高倉健さん、そして美空ひばりさんです。

あれは'82年の秋、私が出演したTBSのドラマ、『淋しいのはお前だけじゃない』が大ヒットした直後でした。

一躍時代の寵児となった私のもとに、健さんが主演する『居酒屋兆治』という映画の出演オファーが届きました。

「ご本人が梅沢さんの芝居をご覧になっていて、『彼にぜひ出て欲しい』とおっしゃっています」

泣く子も黙る健さんのご指名。私もニヤニヤが止まりません。

――この俺がついに銀幕デビューかぁ。

浮かれた気持ちのまま、真っ先に報告したのは、『淋しいのは～』で起用してくださった大恩人である、ＴＢＳの高橋一郎監督でした。

「監督、かくかくしかじかで……」

「おい、すぐにそっちへ行くから、返事はいったん待て！」

そう言うと、一郎さんは事務所までスッ飛んで来られました。

てっきり褒めてくれると思いきや、いやに表情がシブい。

「おい。その話、断れ」

「ええっ」。思わぬ言葉に、私も二の句が継げません。

「いいか、お前だって、もう立派なスター役者なんだ。近々かならず主演の話がくる。そのとき初めてクビをタテに振りゃあいい。自分を安売りしなさんな」

なるほど、そういうものか。

業界を知り尽くした一郎さんのアドバイスを聞いた私は、打診を泣く泣く断り、主演の話がやってくる日を待つことにしました。

ところがどっこい。待てど暮らせど、そんな誘いは一向に来やしない（笑）。

——一郎さん、話が違うじゃねぇか……。

そうこうしているうちに、一郎さんも健さんも鬼籍に入ってしまいました。

「偉い人が『高倉の映画を断るとは、なんて太い野郎だ。もう梅沢にはオファーをするな』って怒っちゃって、大変だったらしいですよ」

さる業界人からそう聞かされたのは、ずいぶん後になってからです。

さて、それから数年後のこと。今度はひばりさんの事務所から連絡をいただきました。

「ひばりと一緒に、舞台に立ってもらえませんか?」

ひばりさんは歌だけではなく、新宿や梅田のコマ劇場を中心に、芝居にもたいそう精力的に力を注いでおられました。

――今度こそ逃さないぞ。

健さんの一件で懲りた私は、すぐさま共演を快諾しようと決めました。

とはいえ、当時の劇団の座長は兄貴。上下関係は絶対の世界ですから、事前に話を通しておかないわけにはいきません。

「兄貴、ひばりさんから共演のお話をいただいたんだけど……」

喜び勇んでこう切り出した私を一瞥すると、彼はこう言い放ちました。

「その話、断れ」

いつか見た光景。

うろたえる私に、兄貴は諭すように続けます。

「なあ、富美男。お前はもう、明治座の舞台だって一枚カンバンで満員にできる花形役者じゃねぇか。いくら相手がひばりさんでも、売れているうちから二番手、三番手に下る必要はないだろう」

確かに梅沢劇団には、外の大物に力を借りることなく、自前で大型劇場を満杯にできるところまで上り詰めた誇りがあります。兄貴が言うことにも一理ある。

――ご縁があれば、いずれまたご一緒する機会もあるだろう。

そう考えた私は、ひばりさんの事務所に丁重にお断りを入れました。そのときすでに、歌姫の身に病魔が忍び寄っていたとはつゆ知らず……。

過去を振り返っても仕方がないと書いておいてなんですが、昭和の芸能を代表するお二人と共演したら、いったいどんな世界が見えていたのか。これぱっかりは、芝居に生きる人間として、想像せずにはいられません。

――本当に大切なことは、自分ひとりで決めなければいけない。あとから悔やまぬためにも。

生涯の教訓であります。

偉大な喜劇人が、また一人……。小松政夫先生の思い出

’20年の年の瀬に、またひとつ悲しいニュースに接することになりました。喜劇界の大スター・小松政夫先生が亡くなられたのです。

「知らない、知らない、知らない、も〜！」「なが〜い目で見てください」、そして代名詞の「しらけ鳥」……。

言葉、表情、そして軽快な動作を駆使した「小松の親分」のギャグに、何度笑わせていただいたことか。

実は、小松先生には、梅沢劇団の舞台にご出演いただいたことがあります。’18年9月、明治座で挙行した『劇団創立80周年　特別公演』でのことでした。

演目は『男の花道』。江戸きっての人気女形、加賀屋歌右衛門と眼科医・土生玄碩《はぶげんせき》の友情を描いた人情芝居で、私が歌右衛門と豚右衛門（梅沢脚本のオリジナルキャラクター）の二役をやり、小松先生には玄碩の友人役をお願いしました。

ある殿様と揉めて窮地に陥った玄碩を救うため、一目散にやってくる歌右衛門。しかし、このままでは間に合わず、玄碩は腹を切らなくてはいけない。そこで、歌右衛門が来るまでの時間稼ぎのために「私がお座敷芸をやるから、玄碩を許してくれませんか？」と名乗りを上げるのが、小松先生の役どころです。

主役の私が早着替えし、歌右衛門として登場するクライマックスへとつながる重要な場面ですが、演出家として、私が台本に書いておいた指示はたった一言。

〈小松先生、どうぞよろしく〉

これは喜劇人・小松政夫への挑戦でもあり、リスペクトでもあります。ウケなければ、クライマックスが台無しになる。相当な重圧のかかる役柄です。

ところが、いざ幕が開いてみると、心配はまったくの無用でした。

小松先生「いやぁ、映画ってホントにいいモンですねぇ〜」

殿様「それは誰のモノマネじゃ？」

小松先生「よっ、淀川長治でありますっ」
殿様「この時代の人間が知ってるワケねぇだろっ！」（客席大爆笑）
10分ほどの持ち場で、小松先生が絶え間なく繰り出すギャグの数々に、場内がドカンドカンと沸いていく。しかも、公演ごとにまったく違うギャグが無限に登場し、小松先生の「引き出し」の多さを見せつけられました。

アドリブというと、思いつきで芝居をすることだと思っている人がいますが、それは違う。普段からコツコツと増やしてきた引き出しの中から、その時々のお客さんにぴったりのものを瞬時に選び出し、最善の順番で披露する。小松先生が見せたこの「型の組み合わせ」こそ、真のアドリブなのです。

「小松先生、やっぱりすげえや」

舞台の袖でひとりごちたのを、昨日のことのように覚えています。

思えば、春には志村けんさんが亡くなり、今度は小松先生までが旅立ってしまった。日本の喜劇役者の系譜が、ぷっつりと途切れてしまったような気がしてなりません。

生前、どんなに名声を誇った人でも、時間が経つと世間からは忘れられていきます。私の敬愛する俳優の長谷川一夫さんも、漫画家の石ノ森章太郎先生も、いまやその仕事の偉大さを理解している人が、どれだけいるでしょうか。

諸行無常は、生きとし生けるもののことわり。それは重々わかっているけれど、せめて自分が生きている間は、忘れじの人々の姿を、語り継いでいきたい。

そんなことを願うようになったのは、私が年をとったせいでしょうか。

さて、いつまでもしんみりしてばかりもいられません。年末年始も『年忘れにっぽんの歌』(テレビ東京系)、『芸能人格付けチェック』(テレビ朝日系)をはじめ、たくさんの番組に出さしていただきます。それから、新春公演の準備も進めないといけない。

そんな気ぜわしい日々の合間を縫って、今度はおせち料理を作り始めます。

「毎年、みんなにおせちを振る舞えるようなカネと技量のある役者でいなさい」

これは、いまは亡き母の教えです。以来、正月にはかならず、劇団員全員にお重入りのおせちを手渡しているのです。

かまぼこくらいはできあいのものを買ってきますが、あとは私の手作り。黒豆は練炭で火を起こしてコトコトと煮込むので、完成まで2日はかかります。

手間はかかるけれど、芸に生きる人間たるもの、縁起ごとは大事にしなければいけません。とりわけ、この正月は劇団員同士でにぎやかに騒ぐわけにもいかない。ならばせめて、色とりどりのおせちで、少しでも華やかに新年を迎えて欲しい。そんな願いもあるのです。

来年こそ、コロナの憂いが晴れて、皆が心から笑える一年になりますように。

「お互い、歳をとったなあ」兄貴の背中に思い出すこと

「ずいぶん背中が小さくなったなぁ……」

先日、隣で踊る82歳の兄、武生の背中を見て、ふとそんな感慨を覚えました。

梅沢劇団の舞台は、芝居、ゲストを迎えての歌謡ショー、一同総出で絢爛な衣装で舞い踊る「華の舞踊絵巻」の3部構成で、最後の部ではかならず兄貴と私の「相舞踊」が入ります。

8人きょうだいの7番目の私が古希を迎えた訳ですから、兄貴が老け込むのも無理はない。ましてや胃がん、肺がん、大腸がんの手術を繰り返しているのですから、あの歳で一曲きっちり踊り切るのは大したものです。

15歳で私が本格デビューしたとき、兄貴はすでに劇団の先代座長を務めていました。「座長が黒と言ったら黒。白と言ったら白」。それが、親父の代からの劇団の掟です。だから、血を分けた兄であっても常に敬語で、つかず離れずの距離で接してきました。

でも、一度だけ、兄貴のもとを離れようと思ったことがありました。いまから10年ほど前のことです。

当時、すでに半世紀にわたり座長を務めていた兄貴には、劇団の金庫番を任せる片腕がいました。

「俺は二枚目しかやらねえ」。自らそう言って憚《はばか》らない兄貴は、顔はいい、声はいい、何よりも立ち姿がいい。思いつく演出も奇抜で、根っからの役者です。

ただし、こと劇団の運営にかんしては、その金庫番に全幅の信頼を置いて任せきりでした。私は私で、座長を継ぐことに興味がなく、副座長として演技と演出のことだけを考えていればいいと、経営にはまったく関知していなかった。

――おや、なにかがおかしいぞ。

そう感じたのは、あるときを境に劇団から度重なる賃下げを要求されるようになったからです。

日本中を駆けずり回り、公演も毎回満員御礼だというのに、カネがないなんてことがあるのか。不審に思って劇団の通帳を繰っていくと、愕然としました。記載されていた残高は、わずか８００円――。放漫経営のツケでした。

「兄貴、これどうするんですか……」

予想だにしない事態に、二人して呆然と立ち尽くすばかり。

そうしている間にも、様々な支払いの期限は刻一刻と近づいてきます。銀行に頭を下げ、朝から晩まで慣れない金策に走り回るうち、私の心もだんだんと荒んできました。

――このまま独立しちまおうか。テレビや映画の仕事をしていれば、食うにはこまらないだろうし……。

そんな考えが、ふと頭をもたげます。

「俺、劇団を抜けようかな」

家に帰り、真剣な面持ちで打ち明ける私に、カミさんはポツリと言いました。

「お父さんは、それでいいの？」

彼女は、舞台に対する私の未練を見抜いていたのでしょう。心が、グラリと揺れました。

そして、もう2人、私を踏みとどまらせたのが、長年支えてくれているマネージャーたちでした。

「劇団は、お父様とお母様の代から皆が必死になって守ってきた場所じゃないですか。劇団の舞台に立たない梅沢富美男なんて、梅沢富美男じゃありません。カンバン、私たちは絶対にイヤです」

普段、決して差し出がましいことを言わない二人が泣きながら訴える姿に、私はハッとさせられました。

――いつの間にか、俺は「看板役者」という肩書以上のものを背負っちまっているんだな。

腹をくくった私は、劇団の皆を呼び出し、こう告げました。

「これからは俺が座長として、運営も借金の後始末も全部やる。だからすべてを俺に任せてくれ」

ずっと劇団を率いてきた兄貴を差し置き、偉そうな物言いだったかもしれません。しかし、兄貴の残りの役者人生を考えると、些末な銭金のことで苦労をするのではなく、「天下の二枚目・梅沢武生」として生き抜いてほしかったのです。

それからというもの、私は目の色を変えて働きました。劇団の人間も入れ替え、舞台の演出も、より今風の内容にガラリと変えたのです。おかげさまで、借金も7年かけて綺麗さっぱり完済できました。

その間、兄貴は大病を患いながらも、黙々と舞台に上がり続けました。

——やっぱり俺たち兄弟には、舞台しかないんだ。

しんどそうにしていても、幕が開いたとたんに背筋がしゃんと伸びる兄貴の姿を見ていると、しみじみ思います。

このまま死ぬまで舞台に立ち続けたい。本人もきっとそう考えているはずです。兄貴の願いを叶えるためにも、劇団をしっかり守り抜いていく。それが、私にできる最後の兄孝行だと思っています。

秋晴れの日に、人間の「本能」と「引き際」について考えた

先日、秋晴れの日にゴルフのラウンドにでかけて、思わぬ「勉強」をしました。

久々に回ったコースで、懇意にしているキャディさんから言われたのです。

「あれ、梅沢さんって、そんなにワキを広げて打っていましたっけ？」

ゆっくり素振りをしてみると、たしかに左ワキが緩んでいる。

昔はワキを意識して打っていたのですが、いつのまにか、自分にとって楽な構えをしていたようです。

ぐっと締めて振り抜くと、打球の飛びが一変しました。ドライバーもアイアンも、思った方向へぐんぐん伸びていく。

強い向かい風も、グリーン前のデカい池もなんのその。黙々とパープレーを続け、終わってみればスコアは「76」。

まさか70を過ぎて、キャディさんの一言をきっかけに、自己ベストの数字を更新できるとは思いませんでした。

自分を甘やかさず、窮屈な姿勢をいかにキープできるかが結果に直結する。ゴルフはそういうスポーツです。

他方で、人間の身体というのは、常に楽をしたがるもの。知らないうちに肘は緩むし、腰の前傾は解けてしまう。

これは、私が慣れ親しんできた日本舞踊とまったく同じです。「洋舞」、いわゆるダンスに比べて、日本舞踊はゆったりと、手の先まで細やかな動きをとることで、所作の美しさを表現します。

しかし、ゆっくり動くとどうしても足腰に負荷がかかるので、経験が浅いとついつい動きが早くなる。そうすると、たおやかさや優美さに欠けるガチャガチャした動きになりがちです。

また、日本の踊りには「ナンバ」という独特な動きもあります。

歩くときがそうであるように、普通、人間の動作というのは「左足が出るときに右手が出て、右足が出るときには左手が出る」というのが基本です。

しかし、一部の踊りには、右手と右足、左手と左足が一緒に出る動作がある。これが、ナンバです。阿波おどりの動きと言えば、イメージしやすいでしょうか。

手先からつま先まで、身体全体がキレイに斜めを向くぶん、正面から見ると非常にスッキリして見える動作です。しかし、やはり窮屈なので、油断するとすぐ手足がバラバラになってしまう。身体というのは本当にわがままです。

それにしても、この「常に楽をしたがる」というのは、身体に限らず、人間の本能そのもののように思えます。

「舞台こそが俺の生きる場所だ」と常々公言している私ですが、ボーッとしていると、「毎日ゴルフして、遊んで暮らしてえなぁ……」という邪《よこしま》な気持ちが、しょっちゅう頭をもたげてきます。

いざ舞台に立って、お客さんから拍手をいただくたびに、自分の人間としての「値打ち」が舞台の上にこそあることを実感して、気を引き締める。その繰り返しで、どうにかここまでやってきました。

逆に言えば、私がきれいさっぱり身を引くのは、お客さんに見放され、劇場に閑古鳥が鳴いたとき。そう思っています。

引き際と言えば、なんともしんみりした気持ちにさせられたのが、埼玉西武ライオンズの松坂大輔の引退の言葉でした。

「本当は投げたくなかった。でも、どうしようもない姿かもしれないけど、最後の最後、全部さらけ出して見てもらおうと思いました」

かつてのスーパースターが抱えてきた葛藤を思うと、目頭が熱くなりました。

99年だったか、西武に入団したばかりの頃の彼の勇姿は、いまも眼に焼き付いていま す。

イチローとの初対決の日に、外角ドンズバのスライダーを投げ込んで、見逃し三振に切ってとった。ルーキーの球に、あのイチローが手も足も出ないとは。

――とんでもないヤツが出てきたな。

テレビの前であっけに取られました。

ただ、最近はまともに投げられず、「見苦しい」「潔く引退しろ」という声もたくさんありました。

かつての江川卓がそうだったように、輝いているうちにスパッとやめていれば、きっと伝説になったでしょう。しかし、松坂はそうではない道を選んだ。それも、プロとしてのひとつの覚悟です。

やっぱり、自分のパフォーマンスを見てもらって飯を食べている人間は、定年がないぶん、引き際を決めるのが難しい。舞台役者としての自分の行く末について、しばし考えてしまいました。

引退登板の日、松坂が全力で投げたボールは118km。私たちを驚かせたあの日の面影は、どこにもありません。

でも、スタンドからは万雷の拍手が送られていました。皆、「平成の怪物」の最後の姿が見たかったのです。

華があるうちにやめる。ボロボロになっても、お客さんが待っていれば舞台に立ち続ける。果たして、どちらが正解なのか。その答えを出すのは、いまの私にはまだ難しそうです。

あとがき

ウチの雑誌で、エッセイを連載しませんか――。

講談社からそんな誘いをもらったのは、コロナが本格的に猛威をふるいはじめた'20年の春のこと。最初は、お断りしようと思っていました。

この本の中でも何度となく申し上げている通り、私の本分は舞台役者です。ひとたび公演が忙しくなれば、稽古に本番、合間をぬってのテレビ出演に俳句作りと、部屋にこもって原稿のネタを考えるような時間は、ほとんどありません。

ところが、皮肉にもコロナの猛威はとどまるところを知らず、自由にできる時間は増えていきました。前だけを見て突っ走ってきた人生に、初めて立ち止まってモノを考える隙間ができたのです。

――この機会に、役者としての自分の歩みを振り返ってみるのも悪くないか。

そんな軽い気持ちでスタートした連載ですが、いざ自分の来し方をたどっていくと、楽しかったこと、辛かったこと、腹が立ったこと、心温まったこと、さまざまな記憶が、色鮮やかに蘇ってきました。

まだ駆け出しだった私の才能を信じてくださった、石ノ森章太郎先生。

「おまえを産んでよかった」。そう言い残してこの世を去った母。

東日本大震災の被災地で本物の「人の心のぬくもり」を教えてくれた女の子。

そして、コロナでしょぼくれた親父の背中を、力強く押してくれたカミさんと娘たち……。

気分はいつも一匹狼。そう嘯《うそぶ》いている私にも、人生の端々で「生きる力」を与えてくれた人たちがいます。彼ら彼女らの顔が、浮かんでは消えていきました。

つい先日も、大阪在住の方から、忘れられないお手紙をいただきました。

91歳で亡くなられたお母様が、生前ずっと私のファンでいらして、通夜や葬儀でも、『夢芝居』を鳴らしてくださったというのです。

〈公演時、必ず新歌舞伎座で梅沢さんの姿を見るのが、人生の糧になっていました。母親にとって、一生大事な思い出になりました〉

丁寧に綴られた文字を眼で追ううちに熱いものがこみ上げてきて、視界はあっという間に霞んでいきました。

——俺の人生も、まだまだ捨てたもんじゃねえなぁ……。

またひとつ、生きる力をいただいた気分です。

私自身、このコロナ禍で痛感しましたが、人間はつらく苦しい日々が続くと、視界のすべてが真っ暗に染まっていってしまう生き物です。

とりわけ、齢を重ねると「自分の人生、こんなもんでよかったのか」なんて、詮無いことまで考えてしまう。

でも、落ち込んだときこそ立ち止まり、自分が踏みしめてきた道のりに、思いを馳せていただきたいのです。

喜んだこと、怒ったこと、哀しかったこと、楽しかったこと、いろいろなことがあったでしょう。そのすべてが、世界にたったひとつしかない、人生という舞台の名場面です。

そして、その主演であるあなたの人生にも、私の人生にも、生きた年月なりの価値が、みっちりと詰まっている。それは、決して換えのきかないものです。

泣けてくるほどダメな自分も、大抵のことはままならなかった人生も、全部まるごと、ゆるそうじゃありませんか。

カッコ悪くたっていい。うまく立ち回れなくてもいい。
生きているだけで、100点満点。
これがこの本を通じて私がお伝えしたい、一番のメッセージです。

梅沢富美男

最後になりますが、この場を借りて、私を支えてくれている劇団員、スタッフ、妻と2人の娘たちに心からの感謝を。そして何より、最後まで読んでくださったあなたに、深く御礼を申し上げます。
ありがとうございました。

初出
『週刊現代』2020年9月5日号～2021年11月6日号。
単行本化にあたり、抜粋、加筆修正を行いました。

編集協力
橋本歩、山崎昭子

人《じん》生《せい》70点《てん》主《しゅ》義《ぎ》
自分をゆるす生き方

2021年12月8日 第1刷発行

著者 梅沢富美男《うめざわとみお》

発行者 鈴木章一

発行所 株式会社 講談社
東京都文京区音羽 2-12-21 〒112-8001
電話 編集 03-5395-3438
販売 03-5395-4415
業務 03-5395-3615

KODANSHA

印刷所 株式会社新藤慶昌堂

製本所 株式会社国宝社

ISBN978-4-06-526549-9